Edgar Deibert

Sowjetdeutsche zwischen Hitler und Stalin

Edgar Deibert

Sowjetdeutsche zwischen Hitler und Stalin

Deutsche in der UdSSR 1900 – 1950

Tectum Verlag

Edgar Deibert

Sowjetdeutsche zwischen Hitler und Stalin.
Deutsche in der UdSSR 1900 – 1950

ISBN: 978-3-8288-2074-6

Umschlagabbildung: Nic Taylor (www.istockphoto.com)

Besuchen Sie uns im Internet
www.tectum-verlag.de

Bibliografische Informationen der Deutschen Nationalbibliothek
Die Deutsche Nationalbibliothek verzeichnet diese Publikation in der Deutschen Nationalbibliografie; detaillierte bibliografische Angaben sind im Internet über http://dnb.ddb.de abrufbar.

Inhaltsverzeichnis

1 Einleitung

1.1 Historischer Hintergrund

Derzeit leben über zwei Millionen Aussiedler aus den Nachfolgestaaten der ehemaligen Sowjetunion in Deutschland.[1] Über ihre Vergangenheit ist der deutschen Öffentlichkeit und den jüngeren Generationen nach wie vor nur wenig bekannt. Dennoch spricht der Beauftragte für Aussiedler und Minderheiten des Bundesministeriums des Innern, Christoph Bergner, von einer besonderen Verantwortung, „die der deutsche Staat gegenüber den Deutschen aus den Nachfolgestaaten der Sowjetunion übernommen hat."[2] Bundesinnenminister Dr. Wolfgang Schäuble betonte auf der Fachtagung „Zwei Jahrzehnte Politik für Aussiedler und nationale Minderheiten" am 3. September 2008 in Berlin in gleicher Weise, dass Deutschland „weiterhin eine besondere Verpflichtung gegenüber denen, die Trudarmee, Deportation und Zwangsarbeit erleben mussten, oder wegen ihrer Volkszugehörigkeit besonderer Willkür ausgesetzt waren"[3], besitze. Diese besondere Verpflichtung gegenüber der „Schicksalsgemeinschaft der Russlanddeutschen"[4] wird demnach aus der spezifischen Vergangenheitsgeschichte der Sowjetdeutschen abgeleitet.

Seit der Machtergreifung der Nationalsozialisten lebten die Deutschen in der Sowjetunion im Spannungsfeld zweier miteinander verfeindeter totalitärer Systeme. Vor dem Hintergrund der Komplexität der innenpolitischen Entwicklungen in der UdSSR nach der Oktoberrevolution war ihr Schicksal zudem mit dem Stand der bilateralen Beziehungen

---

1 Vgl. Bundesministerium des Innern (Hrsg.), Verantwortung für die Schicksalsgemeinschaft der Russlanddeutschen, URL: http://www.bmi.bund.de/cln_028/nn_122304/Internet/Content/Themen/Aussiedlerbeauftragter/Daten undFakten/Verantwortung__fuer Schicksalsgemeinschaft__Russlanddeutsche.html [27.11.2008].

2 Ebd.

3 Bundesministerium des Innern (Hrsg.), Zwei Jahrzehnte Politik für Aussiedler und nationale Minderheiten, URL: http://www.bmi.bund.de/cln_028/nn_172160/Internet/Content/Nachrichten/Reden/2008/09/Jubil_C3_A4um__Aussiedlerbeauftragter.html [27.11.2008].

4 Bundesministerium des Innern (Hrsg.), Verantwortung für die Schicksalsgemeinschaft der Russlanddeutschen, URL: http://www.bmi.bund.de/cln_028/nn_122304/Internet/Content/Themen/Aussiedlerbeauftragter/Daten undFakten/Verantwortung__fuer__Schicksalsgemeinschaft__Russlanddeutsche.html [27.11.2008].

zwischen dem Deutschen Reich und der Sowjetunion verknüpft. Bereits vor dem Zweiten Weltkrieg mussten die Sowjetdeutschen einen stetig wachsenden Verlust ihrer ursprünglichen Vorbildfunktion beklagen, die im Krieg den endgültigen Wandel zu einer Sündenbockfunktion vollzog.[5]

1.2 Gegenstand der Arbeit

Die Beschäftigung mit der Geschichte der Sowjetdeutschen hat den Verfasser dazu bewogen ihre bedrückendste Periode vor und während des Zweiten Weltkriegs näher zu untersuchen. Im Zentrum der Betrachtung steht der Zeitraum ab Ende der 1920er Jahre mit Beginn der stalinistischen Nationalitätenpolitik bis zur Deportation des Großteils der sowjetdeutschen Bevölkerung im Jahr 1941. Gleichwohl setzt die Untersuchung bei der relativ liberalen Nationalitätenpolitik der Bolschewisten nach ihrer Machteroberung ein. Ohne deren Darstellung wäre die Radikalisierung der sowjetischen Innenpolitik in den 1930er Jahren unter Stalin nicht greifbar. In der Hauptsache beschränkt sich die vorliegende Untersuchung auf das Beziehungsdreieck Nationalsozialisten - Sowjetdeutsche - Bolschewisten. Im Vordergrund stehen daher die Denk- und Handlungsweisen der jeweiligen Beziehungsakteure. Die Analyse endet mit der einsetzenden Rehabilitierung der sowjetdeutschen Bevölkerungsgruppe in der UdSSR.

1.3 Hinweise zur Quellenlage und zum Forschungsstand

Das Schicksal der Sowjetdeutschen hat bis zum Anfang der 1980er Jahre in wissenschaftlichen Arbeiten kaum Beachtung gefunden.[6] Bis dahin gab es nur eine „vorwiegend landsmannschaftlich-heimatkundliche Periode."[7] Mitte der 1980er Jahre änderte sich das, als aufgrund einer sprunghaft ansteigenden Aussiedlerzahl und der Autonomiebewegung der Deutschen in der UdSSR, die im Zeichen von Perestrojka und Glas-

---

5 Vgl. Ruffmann, Karl-Heinz, Die Russlanddeutschen. Funktion und Gewicht im Zarenreich und in der Sowjetunion, (Lüneburger Vorträge zur Geschichte Ostdeutschlands und der Deutschen in Osteuropa, Heft 7), Lüneburg 1987, S. 3.

6 Vgl. Foth, Rolf-Barnim, Die Sowjetdeutschen im Spannungsfeld von Innen- und Außenpolitik der UdSSR und der Bundesrepublik Deutschland: Etappen einer gescheiterten Nationalitätenpolitik, Berlin 1996, S. 5.

7 Neutatz, Dietmar, Forschungsbericht und Auswahlbibliographie zur Geschichte der Russlanddeutschen, in: Jahresbibliographie der Bibliothek für Zeitgeschichte, Nr. 64/1992, Essen 1994, S. 748 - 798, S. 748.

nost Ende der 1980er Jahre in Gang gekommen war, die Aussiedlerfrage tagespolitische Realität in der Bundesrepublik Deutschland erreichte. Seit Anfang der 1990er Jahre ist ein „deutlicher Aufschwung“[8] in der wissenschaftlichen Beschäftigung mit der Geschichte der Russlanddeutschen zu verzeichnen. Nachdem westlichen Forschern bis 1990 Primärquellen in sowjetischen Archiven kaum zugänglich waren, findet nun eine vorsichtige Enttabuisierung der sowjetdeutschen Problematik in den Nachfolgestaaten der UdSSR statt. Die wissenschaftliche Beschäftigung mit der Geschichte der Sowjetdeutschen etabliert sich im zunehmenden Maße als seriöse Forschung. Inzwischen gibt es eine umfangreiche und vielfältige wissenschaftliche Literatur zu verschiedenen Aspekten der Geschichte der Deutschen in Russland und der ehemaligen Sowjetunion.

An den Universitäten in Deutschland wird ebenfalls verstärkt der Fokus auf diesen Teil der Historie der Deutschen gelegt. Im Jahr 1990 wurde die Forschungsstelle für „Geschichte und Kultur der Deutschen in Russland“ an der Albert-Ludwigs-Universität in Freiburg unter Dittmar Dahlmann errichtet. Unter der Leitung von Detlef Brandes und Dietmar Neutatz wurde im darauf folgenden Jahr das Institut für „Kultur und Geschichte der Deutschen im östlichen Europa“ an der Heinrich-Heine-Universität in Düsseldorf gegründet.

1.4 Herangehensweise und Fragestellung

Die vorliegende Arbeit stützt sich primär auf die als Standardwerke geltenden Veröffentlichungen von Ingeborg Fleischhauer und Benjamin Pinkus, die die Politik des Dritten Reiches gegenüber den Deutschen in der Sowjetunion untersucht haben,[9] sowie auf die Publikation von Meir Buchsweiler,[10] der Fragen nach der Beziehung der Sowjetdeutschen zum Deutschen Reich und nach ihrer Loyalität zur Sowjetunion aufwarf. Hilfreiche Impulse erhielt der Verfasser daneben von den neueren Veröffent-

---

8 Neutatz, Dietmar, Literaturberichte: Neuere Publikationen zur Geschichte der Russlanddeutschen, in: Nordost-Archiv, 3. 1994, S. 165 - 185, S. 165.

9 Fleischhauer, Ingeborg/Pinkus, Benjamin (Hrsg.), Die Deutschen in der Sowjetunion. Geschichte einer nationalen Minderheit im 20. Jahrhundert (Osteuropa und der internationale Kommunismus, Bd. 17), Baden-Baden 1987. Fleischhauer, Das Dritte Reich und die Deutschen in der Sowjetunion, (Schriftenreihe der Vierteljahreshefte für Zeitgeschichte, Nr. 46), Stuttgart 1983.

10 Buchsweiler, Meir, Volksdeutsche in der Ukraine am Vorabend und Beginn des Zweiten Weltkriegs - ein Fall doppelter Loyalität? (Schriftenreihe des Instituts für Deutsche Geschichte, Bd.7), Gerlingen 1984.

lichungen zu dem Thema von Lydia Klötzel und Ute Richter-Eberl.[11] Zudem gab die Dokumentensammlung sowjetischer Erlasse aus den Jahren 1941 bis 1956 von Alfred Eisfeld und Victor Herdt einen wichtigen Einblick in die Sichtweise der damaligen sowjetischen Machthaber.[12]

Die Untersuchung berücksichtigt bis Mitte 2008 vorliegende Forschungsergebnisse und hat eine im Wesentlichen chronologische Struktur.

Die neueste Abhandlung zu dem Thema von Victor Dönninghaus, „Minderheiten in Bedrängnis",[13] in der er sich auf umfangreiches Quellenmaterial aus russischen Archiven stützt, erschien aufgrund von Verzögerung erst Ende 2008 und konnte aus diesem Grund keine Beachtung finden.

Im Vordergrund der vorliegenden Arbeit stehen die stalinistische Politik gegenüber den Sowjetdeutschen sowie der Einfluss der deutsch-sowjetischen Beziehungen auf diese Politik. Die Untersuchung soll verdeutlichen, welchen Turbulenzen nationale Minderheiten ausgesetzt sein können, „wenn sie zwischen zwei Machtbereiche geraten"[14] und den Machtinteressen zweier verfeindeter totalitärer Systeme ausgeliefert sind. In welcher Weise war die deutsche Minderheit von der Auseinandersetzung zwischen Hitler und Stalin betroffen? Welche Phasen und Einschnitte in der Dreiecksbeziehung Nationalsozialisten - Sowjetdeutsche - Bolschewisten lassen sich ermitteln? In der Forschung gibt es kontroverse Interpretationsmöglichkeiten darüber, ob die stalinistischen Deportationen nach 1941 als reine Präventivmaßnahme und somit als Folge des Krieges gesehen werden müssen, oder inwieweit sie im Zuge der stalinistischen Nationalitätenpolitik schon vorher geplant waren. Buchsweiler und Fleischhauer vertreten die These der Präventivmaß-

---

11 Klötzel, Lydia, Die Rußlanddeutschen zwischen Autonomie und Auswanderung: Die Geschichte einer nationalen Minderheit vor dem Hintergrund des wechselhaften deutsch-sowjetischen Verhältnisses, (Osteuropa-Studien, Bd.3), Hamburg 1999. Richter-Eberl, Ute, Ethnisch oder National? Aspekte der russischdeutschen Emigration in Deutschland 1919 - 1969, (Moderne Geschichte und Politik, Bd. 17), Frankfurt a.M. (u.a.) 2001.

12 Eisfeld, Alfred/Herdt, Victor (Hrsg.), Deportation, Sondersiedlung, Arbeitsarmee: Deutsche in der Sowjetunion 1941 bis 1956, Köln 1996.

13 Dönninghaus, Victor, Minderheiten in Bedrängnis, Sowjetische Politik gegenüber Deutschen, Polen und anderen Diaspora-Nationalitäten 1917 - 1938, (Schriften des Bundesinstituts für Kultur und Geschichte der Deutschen im östlichen Europa, Bd. 35), München 2008.

14 Schumann, Rosemarie, Fremde Heimat. Deutsche in Rußland - Von der Ansiedlung bis zur Rückwanderung, Berlin 2003, S. 9f.

nahme.[15] Die Sowjetdeutschen seien nicht zum direkten Opfer der Nationalitätenpolitik Stalins, sondern „zum indirekten Opfer der Ostexpansion des Dritten Reiches“[16] geworden. Dittmar Dahlmann stellt dagegen die Frage nach dem „Stellenwert und der Funktion“ von Vertreibungen und Deportationen innerhalb des stalinistischen Systems. Sie dürften nicht als bloße „Präventivmaßnahmen“ angesehen werden.[17] Dahlmann sieht diese vielmehr als Teil des Konzepts der stalinistischen Nationalitätenpolitik.[18]

Aus der Synthese beider Ansätze leitet sich die Frage ab, ob sich das Schicksal der Sowjetdeutschen ohne Hitler-Deutschland anders entwickelt hätte oder ob es durch das Wesen des stalinistischen Terrors vorherbestimmt war?

1.5 Aufbau der Arbeit

Im zweiten Teil der Arbeit wird der Wandel der zunächst relativ liberalen Nationalitätenpolitik hin zur gewaltsamen Unterdrückung nationaler Bestrebungen unter Stalin beschrieben. Die Bolschewiki versuchten zunächst durch das Versprechen einer politischen und kulturellen Gleichberechtigung die nichtrussische Bevölkerung für die Revolution und ihre Seite zu gewinnen. Die Phase der Nationenbildung (russisch „korenizacija“ genannt) in den 1920er Jahren musste dem Abbau von nationalitätenpolitischen Zugeständnissen und der Liquidierung nationaler Kader ab Mitte der 1930er Jahre weichen. Vor diesem Hintergrund beleuchtet die Arbeit den innersowjetischen Umgang mit nationalen Minderheiten und den Sowjetdeutschen im Speziellen.

Seit der Machtergreifung der Nationalsozialisten 1933 bestand eine politische Feindschaft zwischen dem Vater- und dem Heimatland der Sowjetdeutschen.

Der dritte Abschnitt der Untersuchung versucht daher das Schicksal der Sowjetdeutschen in diesen bilateralen politischen Rahmen einzubetten. Welche Auswirkungen hatte die nationalsozialistische Außenpolitik auf

---

15 Vgl. Buchsweiler, Volksdeutsche in der Ukraine, S. 386. Vgl. Fleischhauer, „Unternehmen Barbarossa“ und die Zwangsumsiedlung der Deutschen in der UdSSR, in: VfZ, 30. 1982, S. 299 - 321, S. 301.

16 Fleischhauer, „Unternehmen Barbarossa“, S. 301.

17 Vgl. Dahlmann, Dittmar, „Operation erfolgreich durchgeführt“, Die Deportation der Wolgadeutschen 1941, in: Streibel, Robert (Hrsg.), Flucht und Vertreibung, Wien 1994, S. 201 - 226, S. 201.

18 Vgl. ebd., S. 216.

die innenpolitischen Maßnahmen Stalins?[19] Nach 1941 waren die Sowjetdeutschen sogar Angehörige einer Nationalität, die die Sowjetunion überfallen hat. Dies verschärfte die negative Wechselwirkung zwischen der Außen- und Innenpolitik aufs Äußerste. Aus diesem Grund stellt dieser Abschnitt darüber hinaus die Frage nach möglichen positiven Auswirkungen der kurzen Jahre der „Großen Freundschaft"[20] zwischen Stalin und Hitler auf die sowjetdeutsche Bevölkerung. Erhielt sie in dieser Phase eine bevorzugte Behandlung?

Otto Pohl ist der Meinung, dass die Sowjetdeutschen, die nach dem Einmarsch der Wehrmacht in der UdSSR unter deutsche Zivilverwaltung kamen, einen wichtigen Platz in der Naziideologie einnahmen.[21] Wie sahen diese Pläne konkret aus, welche Erwartungen hatte das Dritte Reich bezüglich der Deutschen in der Sowjetunion? Das vierte Kapitel analysiert, ob sie einen wichtigen „Faktor in den geopolitischen Bestrebungen Deutschlands"[22] bildeten. Hatten die Nationalsozialisten eine verbindliche Konzeption bezüglich der sowjetdeutschen Bevölkerung in der UdSSR oder gab es innerhalb ihrer Führungsriege verschiedene Ansätze und Gruppierungen? In diesem Zusammenhang stellt die Arbeit heraus, über welchen Wissensstand das Deutsche Reich im Hinblick auf die Sowjetdeutschen verfügte.

Im fünften Teil der Untersuchung wird die Erwartungshaltung der Sowjetdeutschen beleuchtet. Welche Einstellung besaßen sie gegenüber dem neuen politischen System unter den Bolschewisten? Profitierten sie davon oder wurden sie von dessen Maßnahmen eventuell besonders hart getroffen? Welches Bild hatten die Deutschen in der Sowjetunion andererseits über das Wesen des Nationalsozialismus? Veränderte sich dieses im Verlauf der Besatzungszeit?

Bereits vor der Machtergreifung Hitlers gab es bei der sowjetischen Regierung Vorbehalte gegen die geeinte nationale Front innerhalb der sowjetdeutschen Dörfer.[23] Diese wurde verstärkt als potentielle Bedrohung

---

19 Vgl. Fleischhauer, Ingeborg, Die sowjetische Außenpolitik und die Genese des Hitler-Stalin-Paktes, in: Wegner, Bernd (Hrsg.), Zwei Wege nach Moskau. Vom Hitler-Stalin-Pakt zum „Unternehmen Barbarossa", München 1991, S. 19 - 39, S. 20.

20 Pinkus, Benjamin, Die Deutschen in der Sowjetunion beim Ausbruch des Zweiten Weltkrieges, in: Handbuch der Deutschen aus Russland (HDR) (1973 - 1981), S. 9 - 19, S. 9.

21 Vgl. Pohl, Otto J., Ethnic cleansing in the USSR, 1937 - 1949, Westport (Connecticut) u.a. 1999, S. 44.

22 Buchsweiler, Volksdeutsche in der Ukraine, S. 40.

23 Vgl. ebd., S. 133.

gesehen und die Loyalität der Sowjetdeutschen wurde hinterfragt. Der sechste Abschnitt legt dar, wie weit die Furcht der Sowjetregierung vor inneren Feinden und der Bildung einer Fünften Kolonne ging. Der außenpolitische Faktor und damit die Beziehungen zum Dritten Reich nahmen hierbei eine ausschlaggebende Stellung ein.

1.6 Begriffsbestimmung

Im Mittelpunkt der Untersuchung stehen die deutschen Kolonisten der Sowjetunion. Im Zusammenhang mit der Terminologie kommt es in der Wissenschaft teilweise zu einem regelrechten Begriffs-Wirrwarr. Vor den Deportationen der deutschen Kolonisten als ethnische Minderheit gab es für sie verschiedene Bezeichnungen, die jeweils die regionale Zugehörigkeit zu einem Gebiet zum Ausdruck brachten, wie z.B. „Wolgadeutsche", „Wolhyniendeutsche" oder „Schwarzmeerdeutsche". Diese Namen beinhalteten den geographischen Namen der Region und hatten keinen ideologischen Gehalt.[24] Nach der Gründung der Sowjetunion am 30. Dezember 1922 entwickelte sich mit dem Beginn der 1930er Jahre der Terminus „Sowjetdeutsche". Dieser Begriff könne nach Eisfeld jedoch nicht eindeutig definiert werden und sollte „wegen seiner Zweideutigkeit nicht verwendet werden."[25] Er beinhalte eine ideologische Ausrichtung, da die Betonung auf „Sowjet" liege und eher deutschstämmige Kommunisten als Ausreisewillige gemeint würden.[26] Daher empfehle sich der Ausdruck „Sowjetuniondeutsche", auf diese Weise seien sowohl Kommunisten, als auch Ausreisewillige gemeint.[27] Mukhina ist ebenfalls der Ansicht, dass die Bezeichnung „Sowjetdeutsche" eine politische und ideologische Verbindung zwischen dem Sowjetstaat und den Menschen impliziere. Diese Verbindung fehlte jedoch oft in der Realität. Sie bevorzugt die Definition „ethnische Deutsche in der Sowjetunion."[28] Buchsweiler favorisiert dagegen den Begriff „Sowjetdeutsche", in seinem Gebrauch sei dies ein neutraler geographischer und kein politischer Begriff.

---

24 Vgl. Eisfeld, Alfred, Bleiben die Sowjetdeutschen deutsch?, in: Kappeler, Andreas u.a. (Hrsg.), Die Deutschen im Russischen Reich und im Sowjetstaat, Köln 1987, S. 167 - 177, S. 167.

25 Ebd.

26 Vgl. ebd.

27 Ebd., S. 169.

28 Mukhina, Irina, The Germans of the Soviet Union, London u.a. 2007, S. 4.

Vor 1941 sahen „die Sowjetdeutschen" sich selbst nicht als homogene Bevölkerungsgruppe, sie „verstanden sich nicht als einheitliches Volk."[29] Carlo von Kügelgen schrieb 1939 in einem Artikel, dass das Russlanddeutschtum keine Einheit bildete und es keine Verbindungen zwischen den einzelnen Gruppen gäbe.[30] Erst durch die Deportationen und das gemeinsame Schicksal erfolgte die Ausformung einer gemeinsamen nationalen sowjetdeutschen Identität.[31] Die verschiedenen deutschen Gruppen begannen ab da „to regard themselves as having one ethnic identity, that of the ‚Soviet Germans'."[32]

Da die vorliegende Arbeit eine Zeitspanne vor und nach den Deportationen von 1941 untersucht, findet zum Zweck der Vereinfachung in der Regel nur der Terminus „Sowjetdeutsche" (‚sovetskie nemcy') für „Deutsche, die in der UdSSR wohnen oder aus ihr stammen"[33] eine Anwendung. Sie werden vom Verfasser als eine einheitliche Volksgruppe angesehen, da die Maßnahmen der sowjetischen Regierung u.a. auf diesen ethnischen Aspekt zielten.

---

29 Richter-Eberl, Ethnisch oder National?, S. 11.

30 Kügelgen, Carlo von, Die Russlanddeutschen, in: Nation und Staat, 12. 1939, H. 6/7, S. 413 - 426, S. 413.

31 Vgl. Mukhina, The Germans of the Soviet Union, S. 1.

32 Ebd., S. 2.

33 Buchsweiler, Meir, Die Sowjetdeutschen - außerhalb der Wolgarepublik - im Vergleich mit anderen Minderheiten 1917 bis 1941/42, in: Kappeler, Andreas u.a. (Hrsg.), Die Deutschen im Russischen Reich und im Sowjetstaat, Köln 1987, S. 69 - 96, S. 93f.

2 Die stalinistische Nationalitätenpolitik

Die Machtergreifung der Bolschewiki im Vielvölkerstaat des Russischen Reiches ging einher mit der „Losung von der nationalen Gleichberechtigung und Selbstbestimmung."[34] Lenin proklamierte die Befreiung aus dem „Vielvölkergefängnis" und setzte das Selbstbestimmungsrecht der Völker dem „großrussischen Chauvinismus" entgegen.[35] Die Politik der Achtung einer begrenzten regionalen Autonomie und Toleranz und die Förderung nationaler Empfindungen und Kulturen sollten dazu beitragen die bolschewistische Herrschaft zu etablieren und zu festigen. Durch „Konzessionen an nationale Gefühle und ethnische Vielfalt"[36] versuchte die bolschewistische Führung die nichtrussischen Völker während der Revolution und im Bürgerkrieg auf ihre Seite zu ziehen. Dieser Sowjetföderalismus, die Bildung von Autonomen Republiken, nationalen Rayons und Dorfsowjets sollte das Reich in der Übergangsphase, beim Wiederaufbau des Landes vor dem Zerfall bewahren. Das langfristige Konzept mit dem Leitmotiv der „Russifizierung"[37], bzw. der „Verschmelzung" der Völker verlor die bolschewistische Führung jedoch nie aus den Augen.[38] Die Umstände des Bürgerkriegs und des zerrütteten Vielvölkerstaates machten jedoch eine Anpassung an die Situation, ein Entgegenkommen gegenüber den verschiedenen Ethnien, notwendig. Hierbei muss folglich zwischen der kommunistischen Ideologie, nach der die Nation als bloße Übergangsform, genau wie der Staat, zum „Absterben" verurteilt ist, und der Notwendigkeit von Zugeständnissen an die nationalen Gefühle der Nichtrussen unterschieden werden.

Eine berechtigte Frage wäre, bis zu welchem Grad die neu geschaffenen autonomen Einheiten wirklich „national" waren? Die Devise Lenins: „National in der Form, sozialistisch im Inhalt"[39], beschreibt die „sowjetische Doppelstrategie in der Nationalitätenpolitik."[40] Die von den bol-

---

34 Neutatz, Dietmar, Die Nationalitätenpolitik der Sowjetunion, in: Retterath, Hans-Werner (Hrsg.), Russlanddeutsche Kultur: eine Fiktion? Freiburg 2006, S. 17 - 41, S. 20.

35 Vgl. Klötzel, Lydia, Die Rußlanddeutschen zwischen Autonomie und Auswanderung, S. 79.

36 Halbach, Uwe, Das sowjetische Vielvölkerimperium. Nationalitätenpolitik und nationale Frage, Mannheim u.a. 1992, S. 34.

37 Neutatz, Die Nationalitätenpolitik der Sowjetunion, S. 17.

38 Vgl. ebd., S. 23.

39 Ebd., S. 26.

40 Klötzel, Die Rußlanddeutschen zwischen Autonomie und Auswanderung, S. 91.

schewistischen Machthabern gewährte Territorialautonomie war in Wirklichkeit eine Scheinautonomie, der Kurs der Politik wurde in Moskau bestimmt. Die Lenkung von Literatur und dem Bildungswesen, mit der Vermittlung sozialistischer Werte und Ziele, erfolgte zentral von der Kommunistischen Partei aus.

Bis 1929 verlief der Kampf gegen den „lokalen Nationalismus" in mehr oder weniger „zivilisierten Schranken".[41] In den 1930er Jahren erfuhr die Nationalitätenpolitik jedoch eine „deutliche Veränderung", sie wurde radikaler und gewaltbetonter.[42] Bereits 1913 geißelte Stalin in seiner Schrift „Marxismus und nationale Frage" den „uferlosen Föderalismus". Dabei wandte er sich gegen die kulturelle Autonomie und verurteilte die Abkapselung in „nationale Schalen".[43] Zehn Jahre später sprach er von der „Notwendigkeit des Kampfes gegen den lokalen Nationalismus" und „nationalistische Abweichungen".[44] Die Zurückdrängung des Nationalitätsprinzips gegenüber dem Klassenkampfgedanken rückte nun immer stärker auf die politische Agenda des sowjetischen Regimes. Die Zeit des Entgegenkommens in der Nationalitätenpolitik wich rücksichtsloser Unterdrückung, die Korenizacija wurde als falsch und als Werk von Volksfeinden diffamiert. Pomian sieht den Ursprung für diesen Paradigmenwechsel in dem von Stalin initiierten „Großen Umbruch", dem 1. Fünfjahresplan, welcher im „Großen Terror" gipfelte.[45] Hélène Carrère d'Encausse erkennt ebenfalls einen „engen Zusammenhang zwischen der Zwangskollektivierung und der Unterdrückung nationaler Bestrebungen."[46] Da sich in der Bauernschaft Traditionen jedes Volkes stärker als in anderen Schichten erhalten, käme die Vernichtung eines selbstständigen Bauerntums einer Vernichtung aller Wurzeln des nationalen

---

41 Vgl. Sapoval, Jurij, Der russische Nationalismus und die Herrschaft Stalins, in: Hildermeier, Manfred (Hrsg.), Stalinismus vor dem Zweiten Weltkrieg: neue Wege der Forschung, München 1989, S. 291 - 305, S. 303.

42 Vgl. Neutatz, Die Nationalitätenpolitik der Sowjetunion, S. 27.

43 Vgl. Schumann, Rosemarie, Fremde Heimat. Deutsche in Rußland - Von der Ansiedlung bis zur Rückwanderung, Berlin 2003, S. 127.

44 Sapoval, Jurij, Der russische Nationalismus und die Herrschaft Stalins, in: Hildermeier, Manfred (Hrsg.), Stalinismus vor dem Zweiten Weltkrieg: neue Wege der Forschung, München 1989, S. 291 - 305, S. 297.

45 Vgl. Pomian, Thorsten, Die „Nationalen Rayons" der deutschen Minderheit in der Ukraine von 1924 bis 1939: Substanzielle Autonomie oder Transmissionsriemen des Sowjetstaates, in: Retterath, Hans-Werner (Hrsg.), Russlanddeutsche Kultur: eine Fiktion?, S. 261 - 271, S. 261.

46 Zitiert nach: Dahlmann, Dittmar, „Operation erfolgreich durchgeführt", S. 204.

Lebens gleich.[47] Mit der Bauernschaft würde somit der Nährboden kultureller Autonomie vernichtet. Aus diesem Grund war die Kollektivierung eng mit der Nationalitätenfrage verbunden.

Die „nationalpolitische Revision" hatte eine schrittweise „Beseitigung der autonomen Existenz" von bestimmten Volksgruppen zum Ziel.[48] Das ideologisch motivierte Nationalitätenkonzept Stalins sah einen vermeintlich objektiven und natürlichen Verlauf einer Verschmelzung der Völker der UdSSR vor. In diesem historischen Prozess der „sozialistischen Entnationalisierung"[49], bei dem kompakte nationale Gruppen aufgelöst würden[50], sollte die Dominanz der russischen Kultur und Sprache deutlich zutage treten und das russische Volk eine exklusive Rolle einnehmen. Dies entsprach der ideologischen Konzeption der stalinistischen Nationalitätenpolitik von den „fließende Völkern" (tekuscie narody). Demnach seien Völker auf niedriger Entwicklungsstufe, ohne bestimmte Klassenstruktur, und festes Territorium, „im Prozess der Vereinigung aller Sowjetvölker [...] zur Auflösung verurteilt."[51] Dieser russische Chauvinismus trat ab 1934 im „ideologischen Gewand des Sowjetpatriotismus" auf, dem Bekenntnis und der „Liebe zur Heimat".[52] Pohl ist ebenfalls der Ansicht, dass das stalinistische Regime „during the mid 1930s [...] abonded korenzatsiia for an increasingly virulent Russian chauvinism."[53]

Die Wende in der Innenpolitik traf zunächst die in der Sowjetunion lebenden westlichen Diaspora-Nationen am härtesten. Diese Ethnien, die außerhalb ihrer traditionellen Heimat verstreut in der UdSSR lebten (z.B. Deutsche, Polen, Juden), wurden als potentielle Bedrohung stigma-

---

47 Sapoval, Der russische Nationalismus und die Herrschaft Stalins, S. 303. Stalin selbst nannte das Dorf „Bewahrer der Nationalität."

48 Vgl. Fleischhauer/Pinkus, Die Deutschen in der Sowjetunion, S. 317.

49 Wolter, Gerhard, Die Zone der totalen Ruhe. Die Russlanddeutschen in den Kriegs- und Nachkriegsjahre, Augsburg 2003, S. 445.

50 Vgl. Sapoval, Der russische Nationalismus und die Herrschaft Stalins, S. 334. Sapoval spricht von einer graduellen Vernichtung nationaler Kulturen.

51 Dahlmann, Dittmar, Deportationen der deutschen Bevölkerungsgruppe in Russland und in der Sowjetunion 1915 und 1941. Ein Vergleich, in: Gestrich, Andreas u.a. (Hrsg.), Ausweisung und Deportation: Formen der Zwangsmigration in der Geschichte, Stuttgart 1995, S. 103 - 113, S. 112.

52 Vgl. Klötzel, Die Rußlanddeutschen zwischen Autonomie und Auswanderung, S. 90.

53 Pohl, J. Otto, Ethnic cleansing, S. 30.

tisiert.[54] Indem Stalin die Nation als territoriales Gesamtvolk von der Nationalität mit zerstreut lebenden Volksteilen abgrenzte, versuchte er letztere mit staatlichen, ideologischen und moralischen Mitteln „nach Belieben sowohl auszugrenzen als auch zu vereinnahmen."[55] Da sie keinen geschlossenen Territorialverband bildeten hatten diese Völker nach Stalins Nationsbegriff kein historisches Recht auf Nationsbildung, Selbstbestimmung oder nationale Staatlichkeit. Auf diese Weise wurden willkürliche Eingriffe gegen Minderheiten legitimiert und das „Ziel der politischen Kontrolle und Lenkung [...] gegenüber zerstreut lebenden Völkern"[56] erreicht. Diese sogenannten Streuminoritäten verloren in der Folge ihre kulturellen Rechte.

Die stalinistische Nationalitätenpolitik wurde zudem im zunehmenden Maße von „xenophoben Denkmustern" und einer extrem ausgebildeten Furcht und Skepsis vor Einfluss und „Vergiftung" von außen geprägt.[57] Auf dem Novemberplenum im Jahr 1933 stellte das Zentralkomitee der KP(b)U fest, dass sich der lokale Nationalismus mit imperialistischen Interventen zusammenschließe und somit in der Gegenwart die Hauptgefahr bilde.[58] Besonders in den Grenzgebieten der Sowjetunion wirkte sich diese „irrationale Furcht vor Verrat"[59] verheerend auf die dortige nichtrussische Bevölkerung aus. Anfang 1936 wurden insgesamt 40.000 Polen und Deutsche aus den westlichen Gebieten der Ukraine deportiert, die kommunistische Führung bezeichnete dies als „ethnische Säuberung" des Grenzgebietes von „unzuverlässigen Elementen".[60] Zwischen 1934 und 1936 wurden ca. 50 Prozent der deutschen und polnischen Bevölkerung aus den westlichen Grenzgebieten zur Ukraine, zu Weiß-Russland und Moldawien deportiert. Mit der Begründung, diese seien „japanische Agenten"[61], erfolgte in den Jahren 1937/38 die Deportation der gesamten koreanischen Volksgruppe (ca. 190.000 Menschen) und

---

54 Vgl. Martin, Terry, Terror gegen Nationen in der Sowjetunion, in: Osteuropa, 50. 2000, S. 606 - 616, S. 606.

55 Schumann, Fremde Heimat, S. 127.

56 Klötzel, Die Rußlanddeutschen zwischen Autonomie und Auswanderung, S. 86.

57 Vgl. Pomian, Die "Nationalen Rayons" der deutschen Minderheit in der Ukraine, S. 268. Vgl. Martin, Terror gegen Nationen in der Sowjetunion, S. 611.

58 Vgl. Sapoval,, Der russische Nationalismus und die Herrschaft Stalins, S. 304.

59 Simon, Gerhard, Die nichtrussischen Völker in Gesellschaft und Innenpolitik der UdSSR, in: Osteuropa, 6. 1979, S. 447 - 467, S. 448.

60 Vgl. Pomian, Die „Nationalen Rayons" der deutschen Minderheit in der Ukraine, S. 268.

61 Halbach, Das sowjetische Vielvölkerimperium, S. 46.

von etwa 8.000 Chinesen aus den Fernostregionen nach Mittelasien. Diese vorbeugenden Deportationen weg von den Grenzen der Sowjetunion ins Landesinnere wurden von den zuständigen Behörden ebenfalls als „Sicherheitsmaßnahmen“ eingestuft.[62]

62 Martin, Terror gegen Nationen in der Sowjetunion, S. 611.

3 Die sowjetdeutsche Minderheit in den deutsch-sowjetischen Beziehungen

3.1 Außenpolitische Hypothek: Die nationalsozialistische Machtergreifung

Die Sowjetdeutschen waren wie alle nationalen Minderheiten im Vielvölkerstaat der Sowjetunion vom jeweiligen Kurs der sowjetischen Nationalitätenpolitik abhängig. Fleischhauer wirft darüber hinaus die Frage „nach den Auswirkungen der nationalsozialistischen Außenpolitik [...] auf die innenpolitischen Maßnahmen Stalins“[63] auf. Stellte die Machtergreifung der Nationalsozialisten eine besondere Belastung für die sowjetdeutsche Bevölkerung dar? Der folgende Abschnitt analysiert diese Wechselwirkung zwischen der Außen- und Innenpolitik.

Dem Zeitraum vom Rapallo-Vertrag 1922 bis zum Jahr 1928 bescheinigt Pinkus positive Auswirkungen der Außen- auf die Innenpolitik, da er in diesem ein relativ gutes und stabiles Verhältnis des Sowjetstaates zum Deutschen Reich sieht. Dieser Periode habe „liberalste Tendenzen gegenüber der deutschen Minderheit“[64] bewirkt. Dagegen korrelierte die zunehmende außenpolitische Abgrenzung und Fronstellung im Verhältnis Moskau - Berlin mit extremer Verschärfung der innersowjetischen Nationalitätenpolitik, welche die „Aushöhlung der Existenzgrundlage der deutschsprachigen Bevölkerung“ zur Folge hatte.[65]

Ab 1929, bereits vor der Machtergreifung der Nationalsozialisten, wurde der Ton in Moskaus Deutschlandpolitik zunehmend rauer. Den Hintergrund hierfür bildete Stalins „dritte Revolution“ mit der Konsolidierung seiner Diktatur, der gleichzeitig forcierten Industrialisierung und der einsetzenden Kollektivierung. In dieser Phase der Radikalisierung der sowjetischen Innenpolitik gab es einschneidende Veränderungen für die Sowjetdeutschen.[66] Die immer rücksichtslosere Behandlung von Sowjetbürgern deutscher Nationalität durch die Sowjetorgane rief zwischen dem Deutschen Reich und der Sowjetunion immer wieder Spannungen

---

63 Fleischhauer, Die sowjetische Außenpolitik und die Genese des Hitler-Stalin-Paktes, S. 20.

64 Vgl. Pinkus, Die Deportation der deutschen Minderheit in der Sowjetunion 1941 - 1945, in: Wegner, Zwei Wege nach Moskau, S. 464 - 479, S. 464.

65 Vgl. ebd.

66 Vgl. Fleischhauer/Pinkus, Die Deutschen in der Sowjetunion, S. 176.

hervor. Sobald jedoch Berlin energisch protestierte, wurden von der Sowjetregierung die gegen die Sowjetdeutschen gerichtete Maßnahmen gemildert und gelegentlich eingestellt. Dennoch waren die Zeiten diplomatischer Rücksichtnahmen vorbei und „der Sowjetstalinismus begann sein wahres, rohes Gesicht zu zeigen.“[67] In den Jahren 1929/1930 kam es zu einem Anstieg der Zahl der um Ausreise bemühten sowjetdeutschen Bauern, die vermehrt nach Moskau zogen, um ihre Auswanderung zu erwirken. Ende 1929 durften 5.583 sowjetdeutsche Bauern dank der Unterstützung durch die Deutsche Botschaft aus der Sowjetunion ausreisen.[68]

Die Machtergreifung Hitlers 1933 markierte den endgültigen Wendepunkt in der Entwicklung der deutsch-sowjetischen Beziehungen und den Beginn einer tiefen ideologischen und politischen Feindschaft zwischen Berlin und Moskau.

Neben den antisowjetischen Kampagnen im Deutschen Reich, die eine kommunistische Gefahr heraufbeschworen, und dem Nichtangriffspakt zwischen Deutschland und Polen vom 26. Januar 1934, welcher in Moskau „außerordentlich ernst genommen“[69] wurde, sorgte die nationalsozialistische Weltanschauung für Irritationen und ein gereiztes Klima zwischen dem Deutschen Reich und der Sowjetunion. Das Parteiprogramm der NSDAP forderte im Punkt 1 „den Zusammenschluß aller Deutschen auf Grund des Selbstbestimmungsrechtes der Völker zu einem Großdeutschland.“[70] Hinzu trat die Absicht des Schutzes der im Ausland lebenden Deutschen, nach der die Souveränität eines Staates, in dem Bürger deutscher Abstammung lebten, dem Veto-Recht des „Mutterstaates“ untergeordnet werden sollte. Auf diese Weise konnten Gebietsansprüche damit begründet werden, dass deutsche Minderheiten in den jeweiligen Ländern lebten. Diese imperialistische Neigung löste Unruhe und Angst bei den Völkern aus, in deren Mitte deutsche Minderheiten lebten. Dies wiederum wurde zum Problem für die dort lebenden deutschen Minderheiten. Das von den Nationalsozialisten propagierte „Schutzrecht des Mutterstaates“[71] konnte demzufolge unmittelbar auf die Sowjetdeutschen bezogen werden, weshalb die Wahl Hitlers zum Reichskanzler „directly influenced the Stalin regime`s attitude towards

67 Vgl. Fleischhauer/Pinkus, Die Deutschen in der Sowjetunion, S. 179.

68 Vgl. ebd., S. 185.

69 Klötzel, Die Rußlanddeutschen zwischen Autonomie und Auswanderung, S. 118.

70 Zitiert nach: Buchsweiler, Volksdeutsche in der Ukraine, S. 39.

71 Ebd.

its own German population."[72] Seiner sowjetdeutschen Bevölkerung trat die Sowjetregierung nach der nationalsozialistischen Machtergreifung mit großem Argwohn entgegen.

In den Jahren 1933 und 1934 kam es in der Sowjetunion zu einer großen Hungersnot. Das Deutsche Reich erreichten Briefe von Sowjetdeutschen, in denen sie um Hilfe baten. Im Reich ergingen Spendenaufrufe für die „hungernden und notleidenden Deutschen in der UdSSR" und die deutsche Regierung stellte 17 Millionen Reichsmark zur Verfügung.[73] Zugleich setzte eine mediale Ausschlachtung der Probleme in der Sowjetunion ein. Eine der nationalsozialistischen Propagandaaktionen[74] war die aktive Unterstützung von Hilfsprojekten wie „Brüder in Not". Neben Broschüren über das Elend in der Sowjetunion und Artikeln in der Presse wurden Hungerbriefe aus der Sowjetunion ausgestellt.[75] Die nationalsozialistische Regierung bemühte sich politisches Kapital aus der Hungersnot zu schlagen, indem sie die Not der sowjetdeutschen Bauern für eine ideologische Auseinandersetzung und propagandistische Kampagnen instrumentalisierte.[76] Die negative Darstellung der Sowjetunion in der Weltöffentlichkeit erfolgte durch Schriften mit reißerischen Titeln wie „Agrarterror", „Stalinscher Terror"[77] oder „Hungertod und Menschenfresserei an der Wolga."[78]

Als erste Reaktion wies Moskau die Hilfsangebote aus Deutschland als böswillig und verleumderisch zurück und bestritt eine Hungersnot in der UdSSR. Zugleich erhöhten Hilfsversuche aus Deutschland das Misstrauen der sowjetischen Behörden gegenüber den Sowjetdeutschen. Der Empfang von Hilfspaketen aus dem Deutschen Reich war als Sympathiebekundung gegenüber dem faschistischen Deutschland von Anfang an verpönt und bot den sowjetischen Behörden eine Angriffsfläche. In der

---

72 Pohl, Ethnic cleansing, S. 30.

73 Vgl. Bosch, Anton u.a., Trauerbuch Odessa - 2. Stalins Staatsterror an den Deutschen in den Gebieten Odessa, Nikolajew und Cherson/Ukraine 1928 - 1953, (Russland - Deutsche Zeitgeschichte 2007, Bd. 6), 2. Auflage Nürnberg 2007, S. 17.

74 Der Propagandavorwurf wurde auch in westlichen Kreisen erhoben.

75 Vgl. Ehrt, Adolf, Briefsammlung „Brüder in Not! Dokumente der Hungersnot unter den deutschen Volksgenossen in Russland", Berlin 1933.

76 Vgl. Klötzel, Die Rußlanddeutschen zwischen Autonomie und Auswanderung, S. 118.

77 Fleischhauer, Das Dritte Reich und die Deutschen in der Sowjetunion, S. 51.

78 Buchsweiler, Volksdeutsche in der Ukraine, S. 230.

Folge wurde der Empfang der „faschistischen Groschen-Geschenke“[79] endgültig verboten und als konterrevolutionäres Verbrechen bestraft. Es durften nur noch Hilfspakete und Geldspenden von Privatpersonen angenommen werden, die Empfänger dieser Hilfssendungen wurden später dennoch verfolgt. Der Bezug dieser humanitären Hilfe hatte somit ungewollte negative Auswirkungen. In der Ukraine wurden zudem Organisatoren dieser sogenannten „Hitler-Hilfe“ inhaftiert.[80]

Mit dem Beschluss „Über den Kampf gegen konterrevolutionäre, faschistische Elemente in den deutschen Kolonien“[81] des ZK der KPdSU vom 5. November 1934 wurde die innenpolitische Entwicklung für die sowjetdeutsche Bevölkerung zunehmend bedrohlicher. Bald darauf setzte die Verfolgung deutscher „bürgerlicher Nationalisten“ und vermeintlicher „Spione für Deutschland“[82] ein, die „Schädlichkeitstätigkeiten“ entfaltet hätten. In der Wolgarepublik gab es innerhalb der nächsten zwei Monate zahlreiche Verhaftungen „faschistischer Elemente“, denen Kontakte zum faschistischen Deutschland und dessen Organisationen zur Last gelegt wurden. Schwerwiegende Anklagepunkte lauteten auf „Verherrlichung des Faschismus“ und „Verleumdung der Sowjetmacht“. Hier wurde den Angeklagten die „Hungerbriefe“ zum Verhängnis, in denen sie Verwandten im Ausland „Verleumdungen und Lügen über das angeblich elende Leben der Arbeiter und über den angeblichen Hunger“[83] berichtet haben sollen.

Im Oktober 1935 kam es zu ersten Deportationen. Der deutsche Rayon Pulin in Wohynien wurde aufgelöst und die sowjetdeutsche Bevölkerung in andere Gebiete ausgewiesen. Dieser Akt erinnerte an die Vertreibung der Wolhyniendeutschen im Winter 1915/16. Solche Repressionen gab es auch in anderen Landesteilen, z.B. wurden aus den Kolonien Helenendorf und Annenfeld in Aserbaidschan etwa 600 Männer, Frauen und Kinder nach Karelien deportiert. Die Anklagen lauteten auf Spionage, Zellenbildung und Bildung einer sowjetfeindlichen Partei. Damit wurde der „Auflösungsprozeß der deutschen nationalen Einrichtungen

---

79 Brandes, Detlef, Savin, Andrej, Die Sibiriendeutschen im Sowjetstaat 1919 - 1938, Essen 2001, S. 391.

80 Vgl. Klötzel, Die Rußlanddeutschen zwischen Autonomie und Auswanderung, S. 109.

81 Ebd., S. 108.

82 Ebd.

83 Cencov, Viktor, Die deutsche Bevölkerung am Dnepr im Zeichen des stalinistischen Terrors, in: Forschungen zur Geschichte und Kultur der Russlanddeutsche, H. 5, S. 7 - 22, S. 18.

bereits im Jahre 1935 eingeleitet."[84] In der Ukraine wurden Verhaftungen durchgeführt, weil die Angeklagten „mit Blick auf das faschistische Deutschland Anwerbungen in den deutschen Kolonien" durchgeführt hätten, mit dem Ziel der Lostrennung der Ukraine von der UdSSR und Wiedererrichtung einer unabhängigen Ukrainischen Republik als „Protektorat des faschistischen Deutschlands".[85]

Nach der Ermordung des Leningrader Parteisekretärs Kirow am 1. Dezember 1934 setzte in der Sowjetunion die große „Säuberung" ein, die ihren Höhepunkt im „Großen Terror" in den Jahren 1936 - 1938 fand. Es wurden Verhaftungen und Hinrichtungen im ganzen Land durchgeführt, der Terror erfasste alle gesellschaftlichen Schichten, Berufsgruppen und Volksgruppen.

In der gleichen Zeit erreichten die deutsch-sowjetische Beziehungen einen Tiefpunkt mit zunehmender außenpolitischer Abgrenzung und bald feindseiliger Frontstellung. So bezeichnete Hitler in seiner Rede vor dem Reichstag vom 30. Januar 1937 den Bolschewismus als „eine unerträgliche Gefahr" und betonte, dass er „jede engere Beziehung mit den Trägern dieser Giftbazillen vermeiden" wolle.[86] Wegen dieser gleichzeitigen Verschlechterung der deutsch-sowjetischen Beziehungen „verschlimmerte sich die Lage der deutschen Volksgruppe in der UdSSR in diesem Zeitabschnitt jedoch noch stärker, als dies bei den anderen Nationalitäten der Fall war."[87] So belegen die NKWD-Berichte aus der Ukraine, dass die Sowjetdeutschen „hinsichtlich der nach einzelnen Nationalitäten aufgeschlüsselten Zahl der Verfolgten an zweiter Stelle hinter den Ukrainern rangierten."[88] Auffällig hierbei ist, dass sie nur 1,4 Prozent der Gesamtbevölkerung der Ukraine repräsentierten und damit nach der Volkszählung von 1926 hinter den Ukrainern, Russen, Juden und Polen

---

84 Klötzel, Die Rußlanddeutschen zwischen Autonomie und Auswanderung, S. 109.

85 Vgl. Cencov, Die deutsche Bevölkerung am Dnepr im Zeichen des stalinistischen Terrors, S. 10.

86 Zitiert nach: Slutsch, Sergej, Stalin und Hitler 1933 - 1941: Kalküle und Fehlkalkulationen des Kreml, in: Zarusky, Jürgen (Hrsg.), Stalin und die Deutschen. Neue Beiträge der Forschung, (Schriftenreihe der Vierteljahreshefte für Zeitgeschichte, Sondernummer), München 2006, S. 59 - 88, S. 73/74.

87 Klötzel, Die Rußlanddeutschen zwischen Autonomie und Auswanderung, S. 119.

88 Cencov, Die deutsche Bevölkerung am Dnepr im Zeichen des stalinistischen Terrors, S. 14.

in der nach Nationalitäten aufgeschlüsselten Bevölkerungsstatistik lediglich die fünfte Stelle einnahmen.[89]

3.2 Der Hitler-Stalin-Pakt: Hoffnung für die Deutschen in der Sowjetunion?

Der Hitler-Stalin-Pakt zwischen dem Deutschen Reich und der Sowjetunion vom 23. August 1939 traf die breiten Bevölkerungsschichten in beiden Ländern ziemlich unvorbereitet. Das plötzliche Zusammengehen zwischen dem Nationalsozialismus und dem Kommunismus, dieser zwei „kontradiktorischer"[90] Ideologien, löste Verwirrung und Erstaunen aus. Hatten die einmal getätigten Äußerungen der beiden Führer keine Bedeutung mehr? Hitler hatte den Bolschewismus als „eine unerträgliche Gefahr"[91] bezeichnet, Stalin proklamierte stets die unausweichliche kriegerische Auseinandersetzung mit dem Kapitalismus. Welche Konsequenzen hatte die Annäherung zwischen den beiden Staaten für die Sowjetdeutschen? Zunächst wurde vordergründig die antisowjetische Propaganda in Deutschland gedrosselt und umgekehrt die antinationalsozialistische in der Sowjetunion. In der reichsdeutschen Presse wurde das deutsch-sowjetische Zusammengehen als „das allerwichtigste und einschneidenste Ereignis der letzten Zeit"[92] gefeiert. Aufgrund der Wiederaufnahme der Briefverbindung zwischen den Sowjetdeutschen und dem Deutschen Reich als Folge des Paktes sind Einschätzungen von Sowjetdeutschen zu dieser Zeit erhalten geblieben. In den Briefen finden sich hoffnungsvolle Zeilen, wie z.B. in einem Schreiben vom

6. Oktober 1939:

> „Jetzt ist doch alles anders geworden als es vor zwei Jahren war. Es ist für uns eine grosse Freude, dass Deutschland und Russland Nachbarn geworden sind."[93]

Ähnlich zuversichtlich drückt sich ein Verfasser im November 1939 in einer anderen Botschaft aus:

---

89 Vgl. Buchsweiler, Volksdeutsche in der Ukraine, S. 130.

90 Walth, Strandgut der Weltgeschichte, S. 65.

91 Zitiert nach: Slutsch, Stalin und Hitler 1933 - 1941, S. 73. Rede Hitlers vor dem Reichstag am 30.01.1937.

92 Siewert, Harald, Das deutsch-sowjetrussische Zusammengehen und die Rußlanddeutschen, in: DPO, 11.1939, H. 8/9, S. 1 - 3, S. 1.

93 Ohne Verfasser, Deutsche Briefe aus Rußland nach Abschluß des deutsch-russischen Paktes, in: Außendeutscher Wochenspiegel, H. 23. 1940, S. 9 - 12, S. 9.

„Endlich nach langer und banger Zeit habe ich mich entschlossen, da wir ja jetzt wieder gute Freunde sind, Dir wieder ein Lebenszeichen von uns zu geben.“[94]

Ungeachtet der deutsch-sowjetischen Freundschaftsbeteuerungen überwiegt in den Briefen eine vorsichtige und zurückhaltende Ausdrucksweise, ganz so, als ob die Schreiber noch nicht wüssten, wie sie mit der neuen Situation umgehen sollten. Aus diesem Grund verbieten manche den Empfängern eine Antwort auf ihre Schreiben: „Von Euch erwarten wir keinen Brief.“[95] Ein ähnliches Verbot klingt im folgenden Auszug durch: „Wir möchten so gerne von Euch einen Brief haben, aber es geht noch nicht, vielleicht wird es bald gehen.“[96] Es gibt auch misstrauische Stellen, die auf eine mögliche Brüchigkeit des Paktes hindeuten: „Traust Du dem guten Wetter nicht und fürchtest für uns?“[97]

Das Misstrauen war durchaus angebracht, denn trotz des deutsch-sowjetischen Freundschaftsvertrages blieb die negative Einstellung der Sowjetregierung gegenüber der sowjetdeutschen Bevölkerung bestehen und die sowjetische Seite setzte die Verhaftung und Verbannung Sowjetdeutscher in bzw. aus den Grenzgebieten fort.[98] Dies tat sie jedoch in begrenzterem Umfang und auf diskretere Weise, wobei sie bemüht war zu große Härten zu vermeiden.[99]

Zeitgleich wurde die Politik einer Vermischung der Nationalitäten weiter voran getrieben, allein die rein oder fast rein deutsch gebliebenen Dörfer in der Ukraine und auf der Krim erhielten eine „Atempause im Prozeß der zwangsweisen Russifizierung.“[100] Gleichzeitig gab es Meldungen über die Einstellung der Verhaftungen und Freilassung von sowjetdeutschen Gefangenen. Nach Buchsweiler sei es jedoch nur schwer feststellbar, inwieweit dies eine allgemeine und umfassende Erscheinung war.[101]

Die wirtschaftliche Lage der Sowjetdeutschen nach dem Abschluss des Paktes veränderte sich nicht messbar, es gab für sie als Bevölkerungs-

---

94 Ohne Verfasser, Deutsche Briefe aus Rußland nach Abschluß des deutsch-russischen Paktes, in: Außendeutscher Wochenspiegel, H. 23. 1940, S. 9 - 12, S. 9.

95 Ebd., S. 11. Brief vom 13.12.1939.

96 Ebd., S. 12. Brief ohne Datumsangabe.

97 Ebd., S. 10. Brief vom 28.12.1939.

98 Vgl. Klötzel, Die Rußlanddeutschen zwischen Autonomie und Auswanderung, S. 120.

99 Vgl. Pinkus, Die Deportation der deutschen Minderheit, S. 464.

100 Zitiert nach: Pinkus, Die Deportation der deutschen Minderheit, S. 465.

101 Vgl. Buchsweiler, Volksdeutsche in der Ukraine, S. 274.

gruppe keine nennenswerten Erleichterungen. Das gleiche galt für ihr religiös-kirchliches Leben, die sowjetdeutsche Geistlichkeit blieb in Haft oder in der Verbannung. Auf dem kulturellen Gebiet wurden deutsche Bücher weiterhin aus Buchhandlungen genommen und deutschsprachige Zeitungen und Zeitschriften stellten ihr Erscheinen allmählich ein. Zur gleichen Zeit wurde der Deutschunterricht zwar nicht offiziell verboten, jedoch nur noch in der Wolgarepublik erteilt.[102] Dieses geringe Maß an Autonomie in den nationalen Gebieten blieb propagandatauglich bis zum deutschen Überfall bestehen, was eine „gewisse, weithin sichtbare Aufwertung der deutschen Minderheit und ihrer Institutionen"[103] zur Folge hatte. In der Wolgarepublik gab es Vorbereitungen auf einen geplanten Besuch Hitlers im März 1940, bei denen Banner und Wimpel mit dem Hakenkreuz verteilt wurden.

Die an den Pakt gekoppelte „Vertragsumsiedlung" von deutschen Minderheiten aus dem ostmitteleuropäischen Raum entfachte bei einem Teil der sowjetdeutschen Bevölkerung den Wunsch, in diese miteinbezogen zu werden. Befragungen von Sowjetdeutschen in den besetzten Gebieten nach Kriegsbeginn 1941 ergaben, dass in der Zeit des Nichtangriffspaktes vielerorts die Hoffnung bestand, dass auch ihre Umsiedlung in Vorbereitung sei. Einige sowjetdeutsche Familien und Dörfer hätten sich durch Packen und Verladen ihrer Habe schon auf die Auswanderung aus der Sowjetunion vorbereitet.[104] Auf den Wunsch nach Ausreise weist Pinkus hin:

> „Die Mehrheit der deutschen Bevölkerung in der UdSSR hoffte damals [in der Zeit des Hitler-Stalin-Paktes] zweifellos, dass Berlin und Moskau auch ein sie betreffendes Umsiedlungsabkommen abschließen würde und sie dann genauso wie die deutschen Volksteile in Ostmitteleuropa nach Deutschland gelangen könnten."[105]

Zahlreiche Gesuche Sowjetdeutscher gingen bei der deutschen Botschaft in Moskau ein, obwohl der bloße Versuch Kontakt mit den deutschen Vertretungen aufzunehmen nicht selten zu Verbannungen und Verhaftungen führte. Die bloße Information über die Möglichkeit einer Ausreise ins Deutsche Reich war für die sowjetischen Behörden schon verdächtig. Die von „Misstrauen geprägten Sicherheitsmaßnahmen"[106] ge-

---

102 Vgl. Fleischhauer/Pinkus, Die Deutschen in der Sowjetunion, S. 202.

103 Pinkus, Die Deportation der deutschen Minderheit, S. 466.

104 Vgl. Fleischhauer, Das Dritte Reich und die Deutschen in der Sowjetunion, S. 62; Buchsweiler, Volksdeutsche in der Ukraine, S. 275.

105 Pinkus, Die Deportation der deutschen Minderheit, S. 466.

106 Ebd., S. 464.

gen die deutschen Sowjetbürger wurden fortgesetzt, was die Überwachung und Erfassung der Rückkehrwilligen durch das NKWD, mit dem Ziel „umsiedlungsfreudige Elemente zum Bekenntnis zur Umsiedlung zu provozieren und dann nach Sibirien zu deportieren"[107], zur Folge hatte.

Die Umsiedlungsverträge lösten auch in den deutschrussischen Kreisen im Deutschen Reich weitergehende Überlegungen aus. Diese drehten sich um die Einbeziehung der in der Sowjetunion verbliebenen Sowjetdeutschen in diese Verträge. Das Auswärtige Amt verfasste im Dezember 1939 eine Denkschrift zur Möglichkeit einer Umsiedlung der Sowjetdeutschen aus dem sowjetischen Kernland, um deren „schweres Los" zu wandeln. Dabei ging die Denkschrift von einem positiven Effekt für das Dritte Reich aus, da sich die Sowjetdeutschen aufgrund des ihnen zugefügten Leids „als die besten Vorkämpfer gegen den Bolschewismus erweisen"[108] sollten.

Eine weitere vorteilhafte Wirkung einer Umsiedlung sah sie in der Ausschaltung eines Störmoments, der die momentan positive Beziehung beider Staaten überschatten könnte. Zugleich wurden im Deutschen Reich Überlegungen zum „volkspolitischen Wert" der Sowjetdeutschen und zum Grad ihrer „Bolschewisierung" angestellt. Der deutsche Botschafter in der Sowjetunion, Friedrich-Werner von der Schulenburg, ging in seinem Memorandum vom 02.01.1940 über die „Umsiedlung von Volksdeutschen, die innerhalb der früheren Grenzen der Sowjetunion leben" unter anderem der Frage nach, inwieweit die Sowjets bereit wären einer Umsiedlung der restlichen sowjetdeutschen Bevölkerung entgegenzukommen.[109]

Die meisten Überlegungen kamen dabei zu dem Fazit, dass die sowjetische Regierung einer Umsiedlung nicht zustimmen würde bzw., dass die Aussichten dafür äußerst gering seien und die Beziehung zur Sowjetunion dadurch nicht beeinträchtig werden sollte.[110] Zudem liefen die Vorstellungen der NS-Verwaltung in die andere Richtung, der Einsatz der Sowjetdeutschen war im Rahmen der nationalsozialistischen Ostsiedlung bereits vorgegeben und eine „Heimholung ins Reich" erschien aus diesem Grund nicht wünschenswert.[111] Aufgrund des Paktes sollte es

---

107 Zitiert nach: Buchsweiler, Volksdeutsche in der Ukraine, S. 276.

108 Fleischhauer, Das Dritte Reich und die Deutschen in der Sowjetunion, S. 61.

109 Vgl. Buchsweiler, Volksdeutsche in der Ukraine, S. 274.

110 Vgl. ebd.

111 Vgl. Fleischhauer, Das Dritte Reich und die Deutschen in der Sowjetunion, S. 63.

von reichsdeutscher Seite keine Einmischung in die innerpolitischen sowjetischen Verhältnisse geben, die Sowjetdeutschen konnten keine Hilfe erwarten. Mehr noch, für sie wurde das Gebot ausgegeben, „alles zu vermeiden, was die Beziehungen zwischen Deutschland und Russland trüben könnte."[112]

---

112 Siewert, Das deutsch-sowjetrussische Zusammengehen, in: DPO, 11.1939, H. 8/9, S. 1 - 3, S. 2.

4 Die Sowjetdeutschen im Kalkül der Nationalsozialisten

Nach der Machtergreifung der Nationalsozialisten kam im Deutschen Reich das alldeutsche Gedankengut mit der völkischen Einheitsidee verstärkt zum Vorschein, die „das deutsche Volkstum in aller Welt" als „unabhängig von dem Orte, an dem es wohne", als „wesensgleich" ansah.[113] Damit wich die Nichteinmischungspolitik der Weimarer Republik auch einer aktiveren deutschen Russlandpolitik unter den Nationalsozialisten, wodurch die Deutschen in der Sowjetunion zwangsläufig zu einem „Faktor in den geopolitischen Bestrebungen Deutschlands"[114] wurden.

Bereits 1934 sprach Hugo Huppert, ein 1928 in die Sowjetunion emigrierter österreichischer Kommunist und seit 1930 Mitglied der KpdSU, folgende Warnung aus:

> „Unter diesen ersehnten Stützpunkten der geplanten kriegerischen Expansion nehmen [...] die reichen, nunmehr kollektivierten deutschen Bauernkolonien in einigen Gebieten der Ukraine und, ganz selbstverständlich, die ‚Insel' der Wolgadeutschen einen hervorragenden Platz ein. Die Ukraine ist seit jeher das erträumte Aufmarschgebiet Rosenbergs."[115]

Das folgende Kapitel geht der Frage nach, welchen für sie vorgesehenen „Platz" die sowjetdeutsche Bevölkerung in der „geplanten kriegerischen Expansion" einnehmen sollte. Welche Rolle spielten die beiden bevölkerungsreichsten Gebiete der Sowjetdeutschen in den Planungen der Nationalsozialisten?

Russlanddeutsche Emigranten wie Georg Leibbrandt[116], welcher später im Reichsministerium für die besetzten Ostgebiete (RMO) als „Spezialist des Hauses für die Deutschen in der Sowjetunion"[117] galt und Karl Stumpp, Mitarbeiter des Deutschen Auslandsinstituts Stuttgart (DAI), kehrten nach der Machtergreifung der Nationalsozialisten aus dem Ausland ins Deutsche Reich zurück und erhielten neue Aufgaben und Wir-

---

113 Fleischhauer, Das Dritte Reich und die Deutschen in der Sowjetunion, S. 48.

114 Buchsweiler, Volksdeutsche in der Ukraine, S. 40.

115 Ebd., S. 45.

116 Georg Leibbrandt war ab dem 1.10.33 Leiter der Abteilung Osten des Außenpolitischen Amtes (APA) der NSDAP und später ab 1941 Leiter der Hauptabteilung I, Politische Abteilung im Reichsministerium für die besetzten Ostgebiete unter Alfred Rosenberg.

117 Fleischhauer, Das Dritte Reich und die Deutschen in der Sowjetunion, S. 48.

kungsbereiche. Als „Sachverwalter der in der Sowjetunion lebenden Sowjetdeutschen“[118] wurden sie damit betraut die Organisation und Neuordnung des „Russlanddeutschtums“[119] in der Emigration zu realisieren. Ihre Hauptaufgaben bestanden darin, das Interesse für Russlanddeutsche als „wertvolles kolonisatorisches Element des Ostens“ zu wecken und Aufklärung über „Bestand, Wert und Bedeutung des Russlanddeutschtums“ zu betreiben.[120] Zudem sollten Fragen eines möglichen „Einsatzes“ der Russlanddeutschen Emigranten bei der geplanten Besiedlung der Ostgebiete als „Stoßtrupp“ oder „Vorposten im Osten“[121] aufgeworfen und geklärt werden.

Die reichsdeutsche Belletristik der 1930er Jahre nahm sich ebenso zunehmend auslandsdeutscher Motive und Themen an, speziell der Wolgadeutsche wurde als Prototyp eines „kämpfenden Deutschen“ beschrieben. Die Schilderungen wurden als Propagandawaffe gegen die Sowjetunion und speziell gegen den Kommunismus mißbraucht. Dabei wurde die Vergangenheit vor 1914 in ein positives Licht als ländliche, kleinbürgerliche Idylle gesetzt, während die Zeit danach als Schreckensherrschaft der Bolschewiki beschrieben wurde. In einem weiteren Motiv der Russlanddeutschen Belletristik ging es um die Entwicklung des Heimatbegriffs, hierbei wurde einerseits der Mythos Deutschland als „Urheimat“ beschworen, andererseits der Versuch unternommen, den Anspruch auf die wolgadeutschen Gebiete aufrechtzuerhalten.[122]

Die Sowjetdeutschen wurden als „Pioniere des Deutschtums“ beschrieben, die „unvermischt und rein in Abstammung, Art, Sprache und Gesittung“ einen „starken Zweig des deutschen Volkstums im europäischen Ostraum“ bildeten.[123]

Die reichsdeutsche Presse spielte auf diese Weise in den 1930er Jahren eine bedeutende Rolle bei der Formung eines Bildes in der Gesellschaft

---

118 Buchsweiler, Volksdeutsche in der Ukraine, S. 80.

119 Ab 1919 gab es mehrere Russlanddeutsche Emigrantenvereinigungen wie den „Verein der Wolgadeutschen“ und den „Verein der Schwarzmeer- und Kaukasusdeutschen“. Die Bezeichnung „Russlanddeutschtum“ setzte sich für die Gesamtheit der Gruppierungen durch. Die offizielle Sprachregelung ab 1935 lautete „Deutsche aus und in Russland“.

120 Vgl. Fleischhauer, Das Dritte Reich und die Deutschen in der Sowjetunion, S. 49f.

121 Buchsweiler, Volksdeutsche in der Ukraine, S. 80.

122 Vgl. Richter-Eberl, Ute, Ethnisch oder National? Aspekte der Russlanddeutschen Emigration in Deutschland 1919 - 1969, (Moderne Geschichte und Politik; Bd.17), Frankfurt a. M. (u.a.) 2001, S. 75 - 76.

123 Ehrt, Brüder in Not!, S. 3.

über das Leben der Deutschen in der Sowjetunion und über die Sowjetdeutschen selbst.

4.1 Die Gleichschaltung des Russlanddeutschen Verbandswesens

Das Schicksal der Russlanddeutschen fand im Russlanddeutschen Verbandswesen des Deutschen Reiches eine besondere Beachtung. Organisationen für Volkstumsfragen wie der Volksbund für das Deutschtum im Ausland (VDA) hatten die organisatorische Erfassung und kulturelle Betreuung der deutschen Minderheiten Gruppen im Ausland zum Ziel. Das 1917 gegründete DAI nahm seine Aufgabe als Informations- und Dokumentationszentrum für das Deutschtum im Ausland wahr und sammelte Materialien über das Russlanddeutschtum. Dazu zählte eine Sonderkartei von Russlanddeutschen, die sich auf einem besonderen Gebiet hervorgetan hatten, wie z.B. Erzieher, Lehrer, Schriftsteller und Russlanddeutsche im höheren militärischen Grad der russischen Armee, die sich momentan in Deutschland befanden. 1938 hatte es 300.000 Russlanddeutsche im Inland und Übersee erfasst.[124] Daneben verwaltete das DAI auch eine Kartei der Russlanddeutschen Siedlungen in Russland und Übersee. Im Ausland, vor allem in der Sowjetunion, löste dessen Tätigkeit negative Reaktionen aus. In einer Artikelüberschrift in der Zeitung „Iswestija" wurde das DAI als „Stuttgarts Zentrum faschistischer Spionage" bezeichnet.[125] Ab 1937/38 wandelte es sich immer mehr zum bloßen Informationszulieferer der NSDAP.

Der „Verband der Deutschen aus Russland" (VDR) fasste ab 1935 unter der Leitung von Adolf Frasch die bislang existierenden landsmannschaftlichen Vereinigungen (z.B. „Verband der Wolgadeutschen", „Verband der Schwarzmeerkolonisten", „Verband der Kaukasusdeutschen") zusammen, was die Gleichschaltung des Russlanddeutschen Verbandswesens unter den Nationalsozialisten einleitete. Der VDR erhob für sich den Anspruch für alle Russlanddeutschen in der ganzen Welt, d.h. auch für die in der Sowjetunion, einzutreten. Er verlieh der NSDAP die Rolle des „Retters der Russlanddeutschen"[126] und bot dieser in seinem Publikationsorgan „Deutsche Post aus dem Osten (DPO)" ein weiteres Agitationsfeld. Dadurch machte der VDR das Russlanddeutsche Vereinswesen für die „Großraumpolitik" der Nationalsozialisten verfügbar.

---

124 Vgl. Fleischhauer/Pinkus, Die Deutschen in der Sowjetunion, S. 219.

125 Zitiert nach: Buchsweiler, Volksdeutsche in der Ukraine, S. 51. Bei Buchsweiler gibt es keine Datumsangabe, aus welchem Jahr der Artikel genau stammt.

126 Richter-Eberl, Ethnisch oder National?, S. 67.

In einem zweiten Schritt der Gleichschaltung erfolgte 1938 der Zusammenschluss mit dem DAI, aus welchem die „Forschungsstelle Russlanddeutschtum" (FoStRu) unter Karl Stumpp hervorging. Er sollte u.a. den Nachweis dafür erbringen, dass die Russlanddeutschen die rassebiologischen Kriterien der Nationalsozialisten erfüllten. Auf diese Weise trieb die Forschungsstelle die „politische Infiltration der Forschung"[127] voran und verkam zu einer ergebenen Dienstleistungsinstitution der NSDAP und der SS, da Stumpp nicht die Möglichkeit bekam freie Forschungsarbeit zu betreiben. Das Arbeitsprogramm und die Forschungsziele standen nun verstärkt im Dienste der Ostexpansion. Im selben Jahr wurde der VDA von der Volksdeutschen Mittelstelle (VoMi) unter der Leitung von Werner Lorenz praktisch übernommen, blieb pro forma jedoch weiter bestehen. Lorenz fasste in Folge dessen die Volkstumsfragen im Osten zunehmend unter der Kontrolle der SS zusammen.

4.2 Der Wissensstand im Bezug auf die Sowjetdeutschen

Zur Beantwortung der Frage, welche Pläne die Nationalsozialisten im Bezug auf die Sowjetdeutschen hatten, sollte zunächst geklärt werden, welche Informationen sie generell über die sowjetdeutsche Bevölkerung besaßen, was wussten die nationalsozialistischen Machthaber über sie? Anschließend gilt es zu analysieren, ob die Nationalsozialisten über eine verbindliche Konzeption im Bezug auf die Sowjetdeutschen verfügten.

Einen zumindest unbefriedigenden Wissensstand im Bezug auf die Sowjetdeutschen vor dem Einmarsch der Wehrmacht in die Sowjetunion deuten einige Aussagen von Mitgliedern nationalsozialistischer Behörden an. SS-Sturmbannführer Karl Götz[128] verglich 1941 in seiner Arbeit „Die Volksdeutschen im altrussischen Teil des Schwarzmeergebietes" die vorgefundene Wirklichkeit in der Sowjetunion mit den Informationen, die ihm vorher zur Verfügung standen und bemängelte, dass im Reich kaum eine sichere Nachricht über die Lage der Deutschen in Rußland zu erhalten war und „selbst die berufensten Stellen und die erfahrensten Persönlichkeiten [...] auf Vermutung angewiesen"[129] waren. W. Kinkelin, ein Abteilungsleiter im OMI gestand 1942 ein, dass „Leistung und Schicksal der Rußlanddeutschen [...] den Reichsdeutschen bis zum

127 Richter-Eberl, Ethnisch oder National?, S. 70.

128 Götz war Beauftragter für die schulische und weltanschauliche Auswahl und Ausbildung von „brauchbaren" jungen Männern aus dem Kreise der Aussiedler. Vgl. dazu: Fleischhauer, Das Dritte Reich und die Deutschen in der Sowjetunion, S. 235.

129 Zitiert nach: Buchsweiler, Volksdeutsche in der Ukraine, S. 345.

Einmarsch der Wehrmacht in die Sowjetunion unbekannt oder nur in knappen Umrissen gegenwärtig"[130] waren.

Buchsweiler ist der Meinung, dass es im Deutschen Reich insgesamt „überraschend dürftige Informationen"[131] über die Sowjetdeutschen gegeben habe, so fehlte es an aktuellem Material über die geographische Lage und Einwohnerzahl der deutschen Dörfer, das neueste Zahlenmaterial stammte aus dem Jahr 1926. Als Folge des mangelhaften Informationsflusses[132] zwischen der Sowjetunion und dem Deutschen Reich konnten die zuständigen Behörden bezüglich der Zahl und Verfassung der in der Sowjetunion lebenden Deutschen nur Schätzungen und Vermutungen anstellen. In einer vom DAI mit herausgegebener Schrift schrieb Karl Christian Loesch im Blick auf die Sowjetdeutschen:

> „Wieviel von dem einst blühenden Deutschtum Russlands heute noch vorhanden ist, wissen wir nicht. Seit dem Ende des Weltkrieges dürfte ein sehr großer Teil zugrunde gegangen sein." [133]

Es gab nur schwankende Vermutungen, wie viele Sowjetdeutsche in der UdSSR lebten. Der Vizepräsident des Deutschen Roten Kreuzes (DRK), Dr. Hocheisen, nahm 1934 an, dass noch 600.000 Deutsche auf dem Boden der Sowjetunion leben würden. Adolf Frasch, der Leiter des VDR, ging 1939 von 900.000 Sowjetdeutschen aus, einige Stellen des Auswärtigen Amtes sowie Georg Leibbrandt gingen im Jahr 1940 von einer Million Sowjetdeutschen aus.[134] Aufgrund des Mangels an Informationen, auch bezüglich des späteren Verlaufs der Deportationen der sowjetdeutschen Bevölkerung, gab es eine „staunende Überraschung, die sich zur Zeit der Begegnung nach der Eroberung allgemein ausbreitete." Die Wehrmacht rechnete nicht damit, in manchen Gebieten „eine so große Zahl von Sowjetdeutschen und noch dazu in solchen Siedlungskonzentrationen vorzufinden."[135]

Als Gegenbeispiel dient die Annahme einiger Stäbe des Reichsministeriums bezüglich der Sowjetdeutschen auf der Krim, die dort mit ca. 49.000 Sowjetdeutschen rechneten. Die sowjetdeutsche Bevölkerung

---

130 Zitiert nach: Buchsweiler, Volksdeutsche in der Ukraine, S. 345.

131 Ebd., S. 341.

132 Der Briefkontakt zwischen dem Deutschen Reich und der UdSSR kam ab der zweiten Hälfte der 1930er Jahre faktisch zum erliegen.

133 Zitiert nach: Walth, Strandgut der Weltgeschichte, S. 51.

134 Vgl. Buchsweiler, Volksdeutsche in der Ukraine, S. 346.

135 Ebd., S. 345.

der Krim war jedoch vor dem Einmarsch der Wehrmacht vollständig deportiert worden.[136]

Diese Unsicherheit und Unklarheit wird in den „Betrachtungen über Russland" des Chefs des Stabes der Seekriegsleitung, Admiral Kurt Fricke, deutlich. Am 28. Juli 1940 schrieb er, dass die Nachrichten aus der Sowjetunion „sehr widerspruchsvoll" klingen und dieses Land „noch heute für uns ein Rätsel" sei.[137] Diese Aussage deutet darauf hin, dass große Teile der Überlegungen im Deutschen Reich bezüglich der Sowjetdeutschen auf Mutmaßungen und Unkenntnis beruhten.

Über den „Zustand", d.h. über die politische Einstellung der Sowjetdeutschen herrschte im Reich ebenfalls eine große Unsicherheit. Einige reichsdeutsche Stellen gingen davon aus, in der Sowjetunion eine zum größten Teil „bolschewisierte" deutsche Volksgruppe zu vorzufinden.[138] So teilte Hermann Behrends, stellvertretender Leiter der VoMi, in einem Gespräch im Oktober 1939 Karl Götz mit, dass Sachkenner, die die Gebiete bereist hätten, der Überzeugung seien, dass, „was noch da sei an Deutschtum in Rußland, bolschewisiert sei."[139] Dagegen waren es vor allem die emigrierten Deutschen aus dem Russischen Reich, die glaubten, dass es ein Fehler sei, wenn die Mehrheit der hohen Amtsträger das Russlanddeutschtum „für das Deutschtum verloren"[140] halte und bemühten sich gleichzeitig die Bedeutung der Sowjetdeutschen für die „zukünftigen deutschen ‚Aufgaben' im Osten"[141] hervorzuheben. Adolf Frasch äußerte in diesem Zusammenhang im April 1940 folgende Meinung:

> „Leider ist einigen reichsdeutschen Stellen nicht auszureden, daß das Deutschtum in der Sowjetunion zwar stark mitgenommen, aber nicht so weit verkommen ist, daß man es abbuchen müßte."[142]

---

136 Vgl. Fleischhauer, „Unternehmen Barbarossa", S. 308.

137 Vgl. Hillgruber, Andreas, Das Russland-Bild der führenden deutschen Militärs vor Beginn des Angriffs auf die Sowjetunion, in: Wegner, Bernd (Hrsg.), Zwei Wege nach Moskau. Vom Hitler-Stalin-Pakt zum „Unternehmen Barbarossa", München 1991, S. 167 - 184, S. 173.

138 Vgl. Walth, Strandgut der Weltgeschichte, S. 61.

139 Buchsweiler, Volksdeutsche in der Ukraine, S. 310.

140 Fleischhauer, Das Dritte Reich und die Deutschen in der Sowjetunion, S. 50.

141 Buchsweiler, Volksdeutsche in der Ukraine, S. 50.

142 Ebd., S. 311.

Bei der Begegnung der Wehrmacht mit den Sowjetdeutschen bestätigte sich zunächst diese Ansicht, in einer Ereignismeldung vom 12.09.1941 hieß es:

> „Der Eindruck, den diese Menschen [Sowjetdeutsche im Wolgagebiet] machen, ist überraschend gut. Von einer wie immer gearteten Bolschewisierung kann keine Rede sein."[143]

Das Dritte Reich verfügte somit über keinesfalls sichere Informationen über die sowjetdeutsche Bevölkerungsgruppe in der UdSSR, sowohl was deren Anzahl, als auch ihre politische Einstellung betraf.

4.3 Unkoordinierte Ansätze für ein „Programm der Russlanddeutschen"

Bezüglich der Zukunft der deutschen Volksgruppe in der Sowjetunion gab es unter den Nationalsozialisten verschiedene Ansätze und Gruppierungen, zwischen denen es immer wieder zu Spannungen kam. Das Schicksal der Sowjetdeutschen sollte zum Streitpunkt zwischen Männern deutschbaltischer oder deutschrussischer Herkunft wie Alfred Rosenberg, Leiter des Reichsministeriums für die Ostgebiete, Georg Leibbrandt und denen, die im Deutschen Reich geboren wurden, wie Himmler und Taubert, werden. Rosenberg umgab sich mit anderen Deutschen aus dem Russischen Reich, was zu einer starken deutschrussische Vertretung und Orientierung des Rosenberg-Ministeriums führte. Das Verhältnis zwischen den „Reichsdeutschen" und den ehemals osteuropäischen Volksdeutschen schien nicht unproblematisch zu sein. Es herrschte eine gewisse Distanz zwischen den beiden Gruppen. Bei Fleischhauer ist sogar von Verachtung, Hohn und Spott gegenüber den ehemals osteuropäischen Volksdeutschen die Rede.[144] Diese Abneigung gegenüber deutschrussischen/deutschbaltischen „Elementen" bei Himmler und Taubert waren u.a. ein Grund dafür, warum Rosenberg und Leibbrandt nach dem Einmarsch der Wehrmacht in der UdSSR versucht haben ihre „Landsleute" vor dem Zugriff der Männer um Himmler zu bewahren und die Allmacht der SS zu durchbrechen.

Bereits bei den ersten außenpolitischen Schritten des NS-Staates im Hinblick auf das Russlanddeutschtum traten die Spannungen hervor. Im Zuge der Hungersnot in der Sowjetunion 1933/34 gab es im Hinblick auf die Ausnutzung der Not leidenden sowjetdeutschen Bauern für die nationalsozialistische Propagandaarbeit verschiedene Ansatzpunkte. Die

---

143 Zitiert nach: Buchsweiler, Volksdeutsche in der Ukraine, S. 312.

144 Fleischhauer, Das Dritte Reich und die Deutschen in der Sowjetunion, S. 54.

größten Rivalitäten in diesem Bereich herrschten zu diesem Zeitpunkt zwischen dem Leiter der Antikomintern im Reichsministerium für Volksaufklärung und Propaganda (RMVP) Dr. Taubert und Georg Leibbrandt, dem Leiter der Abteilung Osten des Außenpolitischen Amtes (APA) der NSDAP. Die Spannungen mündeten in einem Redeverbot zwischen den Mitarbeitern beider Abteilungen und endeten erst 1936 mit dem „Erscheinen des 3. Rivalen“[145], Reichsführer SS Heinrich Himmler.

Während des Zweiten Weltkrieges setzte sich der Kampf um (Macht-) Befugnisse und den Zugriff auf die Volkstumsangelegenheiten im Osten (Bereich Sowjetunion) fort. Nach Buchsweiler kam es „zwischen den einzelnen Behördenzweigen, aber auch intern oder mit der Zentrale [...] häufig zu Kompetenz- und anderen Streitigkeiten.“[146] Dabei ging es um Fragen bezüglich des Schicksals der Sowjetdeutschen wie der Verleihung der deutschen Staatsbürgerschaft, Bevölkerungskonzentration und später der Evakuierung der Sowjetdeutschen zur Zeit des Rückzuges. Neben dem RMO und vier Reichskommissariaten gab es die Zivilverwaltung der Wehrmacht und Zivilbehörden der SS und Polizei. Dabei kam es zu Kompetenzüberschneidungen, da alle Behörden gleichgestellt waren und den Zuständigkeiten der SS erst ab August 1942 durch Hitler Vorrang eingeräumt wurde.[147]

Eine besonders gespannte Beziehung in der Zeit des Zweiten Weltkrieges habe es zwischen Erich Koch (Reichskommissar Ukraine) und seinem Vorgesetzten Alfred Rosenberg (Reichsminister für die besetzten Ostgebiete) gegeben.[148] Nach Meinung von Stumpp versuchte Koch aus den angetroffenen Sowjetdeutschen „im Überschallflug Nationalsozialisten [zu] formen.“[149] Dabei stand die weltanschauliche Umschulung mit nationalsozialistischem Ideengut wie Treue, Opfermut, Gehorsam Kampfbereitschaft und Nationalstolz im Vordergrund. Gleichzeitig sollte die weiterführende Bildung unterdrückt und das allgemeine Bildungsniveau der Sowjetdeutschen möglichst niedrig gehalten werden. Die Pläne von Rosenberg sahen hingegen „eine Strukturierung des Schulwesens im Sinne einer Verbesserung der bildungspolitischen Lage“[150] der Sowjetdeutschen vor. In weiteren Überlegungen des RMO sollten die

---

145 Fleischhauer, Das Dritte Reich und die Deutschen in der Sowjetunion, S. 53.

146 Buchsweiler, Volksdeutsche in der Ukraine, S. 322.

147 Vgl. Richter-Eberl, Ethnisch oder National?, S. 51.

148 Vgl. Buchsweiler, Volksdeutsche in der Ukraine, S. 322.

149 Richter-Eberl, Ethnisch oder National?, S. 63.

150 Ebd., S. 62.

Sowjetdeutschen in der deutschen Verwaltung der Ukraine als „Kenner von Land und Leuten" mitarbeiten und so die Brücke zwischen der Besatzungsmacht und den um sie lebenden Völkern bilden.[151] Diese Wunschvorstellung besaß in der realen Besatzungspolitik jedoch keine Basis, da der Einsatz der örtlichen Deutschen in der Verwaltung nicht gefragt war. Koch hatte nur eine geringe Meinung von den Deutschen in der Ukraine, von seinem Standpunkt aus sah er im Juni 1943 die „deutsche Volkssubstanz" in der Ukraine als „sehr schlecht" an.[152] Sein Verhältnis zu den dort ortsansässigen Deutschen war von starken Vorbehalten gekennzeichnet, Koch sah sie für Führungsaufgaben sowohl menschlich als auch fachlich als ungeeignet sowie für ideologisch unzuverlässig an.[153] Dies widersprach Rosenbergs Sichtweise, der die Sowjetdeutschen als verlässlichen Grundstein der neuen Ordnung im Osten ansah und somit auch keine größere Versetzung der sowjetdeutschen Bevölkerung anstrebte.[154]

Bei ihm kam der Glaube zum Vorschein, als Befreier mit einer überwältigenden Dankbarkeit durch die Sowjetdeutschen empfangen zu werden:

> „Der Deutsche aus dem Reich muss wissen, daß der Volksdeutsche in jedem Reichsdeutschen einen Vertreter des Führers sieht. Er muss ferner wissen, daß der Führer im Herzen unserer Volksdeutschen als der Befreier vom bolschewistischen Joch eine geradezu mythische Gestalt gewonnen hat. Es gilt, diesen Glauben nicht zu zerstören."[155]

Aus diesem Grund gab Rosenberg am 13.04.1942 „Richtlinien über das Verhalten gegenüber den Volksdeutschen" heraus. In diesen forderte er die „humanste" Einstellung gegenüber den in der Sowjetunion lebenden Deutschen:

> „Man darf nie vergessen, daß die Volksdeutschen schwerste Zeiten wirtschaftlicher, leiblicher und seelischer Not hinter sich haben, von denen man im Reich meist keine Vorstellung hat."[156]

Die Wehrmacht sollte in seiner Vorstellung als „Schutzpatron" der Sowjetdeutschen fungieren und dabei helfen, das Vertrauen der sowjetdeutschen Bevölkerung zu erlangen. Rosenberg befürwortete einen ruhigen

---

151 Vgl. Fleischhauer, Das Dritte Reich und die Deutschen in der Sowjetunion, S. 162.

152 Vgl. ebd., S. 163.

153 Vgl. ebd., S. 166.

154 Vgl. Richter-Eberl, Gekämpft, gehofft und doch verloren?, S. 136.

155 Zitiert nach: Walth, Strandgut der Weltgeschichte, S. 68.

156 Fleischhauer/Pinkus, Die Deutschen in der Sowjetunion, S. 227.

Aufbau der schwer in Mitleidenschaft gezogenen sowjetdeutschen Siedlungen und wandte sich gegen eine größere Versetzung der einheimischen Bevölkerung. Seiner Meinung nach sollten die Deutschen in der Sowjetunion mit Hilfe von Rehabilitationsmaßnahmen an das nationalsozialistische Regime gebunden werden.

Dieser behutsame Denkansatz fand bei Hitler keine Beachtung. Zu Kriegsbeginn bekam das Reichskommissariat für die Festigung des deutschen Volkstums den Auftrag ein Konzept zu erarbeiten, „das die Rolle der in der Ukraine ansässigen Deutschen bei der Realisierung der „Lebensraumfrage“ festlegen sollte.“[157] Dessen Vorstellungen sahen die Ansiedlung der deutschen Herrenrasse und Vertreibung der „Fremdvölkischen“ vor. Die Zugehörigkeit zum deutschen Volk sollte nach Volkstumskriterien festgestellt werden. Die Sowjetdeutschen spielten in Hitlers Plänen bei der Neuordnung der besetzten Gebiete selbst wenige Wochen nach Kriegsbeginn eine untergeordnete Rolle:

> „Wie in der vorausgegangenen Zeit fanden die potentiellen Opfer seines [Hitlers] Angriffs auf die Sowjetunion, die Deutschen der UdSSR, auch jetzt bei ihm keine Beachtung.“[158]

Fleischhauer bescheinigt Hitler eine „historisch-geographisch unbedarfte Ostraumwillkür“[159], u.a. weil er bereit gewesen sei Bessarabien und Odessa mitsamt einem Streifen, der von Odessa in Nord-Nordwest führte an seinen Bündnispartner Rumänien abzutreten. Dabei handelte es sich hierbei um von Sowjetdeutschen dicht besiedelte Gebiete.[160] Konkrete Pläne hatte Hitler lediglich bezüglich der Regionen, die deutsche Reichsgebiete werden sollten, insbesondere Galizien, das Baltikum, das Wolgagebiet, das Gebiet um Baku und die Halbinsel Kola.[161] Sein besonderes Interesse galt dabei der deutschen Besiedlung der Krim, da sie als altgermanisches Siedlungsgebiet galt.[162] Aufgrund der mystifizierten gotischen Vergangenheit sollte sie in „Gotenland“ umbenannt werden. Die dortigen deutschen Kolonisten wurden als die „natürlichen Fortsetzer

---

157 Richter-Eberl, Ethnisch oder National?, S. 49.

158 Fleischhauer, Das Dritte Reich und die Deutschen in der Sowjetunion, S. 83.

159 Ebd., S. 82.

160 Vgl. ebd., S. 83. Vgl. Jäkel, Eberhard, Hitlers doppeltes Kernstück, in: Foerster, Roland G. (Hrsg.), „Unternehmen Barbarossa“. Zum historischen Ort der deutsch-sowjetischen Beziehungen von 1933 bis herbst 1941, (Beiträge zur Militärgeschichte, Bd.40), München 1993, S. 13 - 22, S. 17.

161 Vgl. Jäkel, Hitlers doppeltes Kernstück, S. 17. Vgl. Richter-Eberl, Ethnisch oder national?, S. 50.

162 Vgl. Fleischhauer/Pinkus, Die Deutschen in der Sowjetunion, S. 239.

und Bewahrer dieser germanischen Tradition"[163] angesehen. Bezüglich des Schicksals der sowjetdeutschen Kolonisten und welche Aufgaben diese erhalten sollten äußerte sich Hitler jedoch „keineswegs präzise."[164]

Die ersten umfassenden Siedlungspläne für die Krim sahen eine Umsiedlung der auf 140.000 geschätzten Deutschen aus dem Schwarzmeergebiet, die im neu geschaffenen „Transnistrien" unter rumänischer Verwaltung lebten, auf die Krim vor.[165] Im Verlauf des Krieges wurde ein neuer Siedlungsplan erstellt. Dieser legte eine Ansiedlung von 200.000 Südtiroler Deutschen auf der Krim und somit die Beseitigung eines deutsch-italienischen Streitobjekts fest. Fleischhauer/Pinkus sind der Meinung, dass damit die Sowjetdeutschen der Krim und des Schwarzmeergebietes „in Theorie und Planung der SS und Hitlers ihrer zuvor vom Sowjetstaat enteigneten historischen Lebensgrundlage endgültig beraubt"[166] worden wären.

Das Wolgagebiet stellte in den reichsdeutschen Besiedlungsvorstellungen ebenso ein „Gegenstand besonderer Aufmerksamkeit"[167] dar. Ein Plan Rosenbergs sah die Möglichkeit vor, das Deutsche Reich mittels eines „Kanals" direkt mit der Wolgarepublik zu verbinden.[168] Dadurch sollte unter anderem die exponierte Stellung der Republik überwunden werden. Um eine dichtere deutsche Stammbevölkerung zu schaffen fasste er später eine Umsiedlung der Wolgadeutschen in die baltischen Staaten und die besetzten Gebiete Westpolens und der Ukraine ins Auge.[169] Die Vorschläge Rosenbergs waren „nichts endgültiges"[170] und fanden bei Hitler keinen Anklang. Ferner hätten sie aufgrund der Deportation der Wolgadeutschen nie in die Tat umgesetzt werden können, wobei die Wehrmacht die Wolgarepublik auch nie erreicht hat.

Himmler hatte ebenfalls einen „Fernplan" von einer Germanisierung großer Teile der besetzten UdSSR. Diese sollten mit deutschen Siedlern aus dem Altreich, germanischen Siedlern aus Europa, „eindeutschungs-

---

163 Schumann, Fremde Heimat, S. 158.

164 Dallin, Alexander, Deutsche Herrschaft in Russland 1941 - 1945: eine Studie über Besatzungspolitik, 2. Auflage Düsseldorf 1981, S. 300.

165 Vgl. Fleischhauer/Pinkus, Die Deutschen in der Sowjetunion, S. 240.

166 Ebd., S. 241.

167 Dallin, Deutsche Herrschaft in Russland, S. 300.

168 Vgl. Schuman, Fremde Heimat, S. 157.

169 Vgl. Fleischhauer/Pinkus, Die Deutschen in der Sowjetunion, S. 237.

170 Dallin, Deutsche Herrschaft in Russland, S. 300.

fähigen" aus den besetzten Ostgebieten und Volksdeutschen aus der UdSSR, er ging dabei von 600.000 aus, bevölkert werden.[171]

Dem Anschein nach verfügten die Nationalsozialisten über keine verbindliche Konzeption im Hinblick auf die Zukunft der sowjetdeutschen Bevölkerungsgruppe in den besetzten Gebieten. Es konkurrierten vielmehr verschiedene Entwürfe miteinander, die aufgrund des Kriegsverlaufs alle nicht in die Tat umgesetzt wurden.

4.4 Die Sowjetdeutschen in der Besatzungspolitik der Nationalsozialisten

Nach dem Einmarsch in die Sowjetunion erfolgte zunächst die „Erfassung" der Sowjetdeutschen. Hier gab es parallel arbeitende Abteilungen. Das „Sonderkommando Stumpp" vom Sommer 1941 bis März 1943 unterstand dem Reichsminister für die besetzten Ostgebiete Rosenberg und erstellte Siedlungskarten und Dorfberichte. Daneben operierten das SS-Sonderkommando „R" (Russland), welches Himmler unterstellt war und Einsatzgruppen der Sicherheitspolizei und des SD, die über die „Lage des deutschen Volkstums" regelmäßig Bericht erstatteten. Auf diese Weise wurden die sowjetdeutschen Siedlungen „katastermäßig und sippenkundlich für die DVL [Deutsche Volksliste/d. Verf.] aufgenommen."[172] Wichtig für die Einsatzgruppen war die Ermittlung des „Assimilationsgrades" der sowjetdeutschen Bevölkerung, z.B. ob die Kinder deutsch sprechen konnten oder ob es Mischehen gab. Die Aufnahme in die DVL erfolgte nach rassenpolitischen Kategorien. Die „Kriterien für die Anerkennung von Personen deutscher Herkunft als ‚Volksdeutsche'" umfassten vier Hauptgruppen: 1. Volksdeutsche, die sich aktiv am „Volkstumskampf" im Herkunftsland beteiligt haben, 2. Volksdeutsche und Mischehen, 3. Fremdstämmige und Mischehen, die sich im Herkunftsland nicht zum Deutschtum bekannt haben, 4. Volksdeutsche und Fremdstämmige, die politisch verdächtig waren.[173] Die ersten beiden Ka-

---

171 Vgl. Fleischhauer, Das Dritte Reich und die Deutschen in der Sowjetunion, S. 62.

172 Fahlbusch, Michael, Im Dienste des Deutschtums in SüdOsteuropa: Ethnopolitische Berater als Tathelfer für Verbrechen gegen die Menschlichkeit, in: Beer, Mathias, Seewann, Gerhard (Hrsg.), Südostforschung im Schatten des dritten Reiches: Institutionen - Inhalte - Personen, München 2004, S. 175 - 214, S. 190.

173 Vgl. Klötzel, Die Russlanddeutschen zwischen Autonomie und Auswanderung, S. 129.

tegorien verhalfen den dort Erfassten zu einem Einbürgerungsverfahren und verschonten sie vor dem willkürlichen Zugriff der SS.[174]

Die Aufnahme durch die Einsatzgruppen ergab, dass die Siedlungen und Familien der Sowjetdeutschen stark gelichtet waren. Der Bildungsstand war niedrig und die Intelligenzschicht vernichtet. Von manchen Einsatzgruppen wurde fehlendes „volksdeutsches Bewußtsein" und ein „rassenpolitisch ungenügende[s] Erscheinungsbild der Deutschen" bemängelt.[175]

Im Reichskommissariat Ukraine wurden 80 Prozent der Schwarzmeerdeutschen (ca. 200.000 Menschen) erfasst. Diese waren ursprünglich fast geschlossen für die Einbürgerung vorgesehen und sollten vor Ort verbleiben, um die „deutsche Aufsiedlung" der Ukraine zu unterstützen.[176]

Die VoMi führte aus diesem Grund von November bis Dezember 1942 Ermittlungen zur Beurteilung der „rassischen Qualität der Volksdeutschen" durch, mit dem Ergebnis, dass die Sowjetdeutschen in der Ukraine „rassisch und geistig ihren slawischen Nachbarn unterlegen" seien und „kein Element [bilden], auf das sich die Verwaltung und Wirtschaft des Landes verlassen kann."[177]

Das Sonderkommando Stumpp kam zu anderen Ergebnissen und versuchte zu beweisen, „dass die in der Ukraine lebenden Volksdeutschen deutsch geblieben waren und sich nicht assimiliert hatten", somit ein wertvolles „Element" bildeten.[178] Auf diesem Gebiet zeigte sich erneut die Rivalität zwischen nationalsozialistischen Amtsträgern deutschrussischer Herkunft und den im Deutschen Reich geborenen.

Die ablehnende Haltung und teilweise Überheblichkeit von Teilen der SS ihr gegenüber löste bei der sowjetdeutschen Bevölkerung Irritationen aus. Sie beklagte Spott für ihre Religiosität und den teilweise rüpelhaften Umgang. Die negative Einschätzung der Sowjetdeutschen von Seiten der SS änderte sich erst 1944 beim Rückzug vor den Sowjettruppen. Von da an wurde deren Zugehörigkeit zur deutschen Volksgruppe nicht länger bezweifelt.[179]

Der größere Teil der angetroffenen Sowjetdeutschen in den besetzten Gebieten erhielt eine bevorzugte Behandlung durch die Besatzungs-

---

174 Vgl. Richter-Eberl, Ethnisch oder National?, S. 54.

175 Vgl. Fleischhauer/Pinkus, Die Deutschen in der Sowjetunion, S. 252 - 253.

176 Vgl. Richter-Eberl, Ethnisch oder National?, S. 55.

177 Zitiert nach: Ebd., 56.

178 Vgl. ebd., S. 58.

179 Vgl. ebd., S. 62.

macht.[180] Zur „Festigung des Deutschtums“ in den besetzten Gebieten und Hebung des Prestiges der Sowjetdeutschen gegenüber anderen Volksgruppen ermächtigte Himmler im Juli 1941 die VoMi alle Sowjetdeutschen in den besetzten Gebieten zu begünstigen. In dem Schreiben von Himmler an Lorenz hieß es, die Sowjetdeutschen sollten „in enger Zusammenarbeit mit den Einsatzgruppen und der Sicherheitspolizei … den Grundstein zur deutschen Führungsschicht legen.“[181] Die sowjetdeutsche Bevölkerung wurde bevorzugt mit Lebensmitteln, Wohnraum und Kleidung versorgt und in großer Zahl bei der Wehrmacht, der SS, der Zivil- und Wirtschaftsverwaltung als Dolmetscher und Mitarbeiter eingestellt. Manche von ihnen erhielten Posten als Dorfbürgermeister, Kolchosvorsitzende oder als Leiter der örtlichen Hilfspolizei. Auf diese Weise profitierte ein Teil der sowjetdeutschen Bevölkerung von Maßnahmen der Besatzungsmacht.[182]

Auf Vorschlag von Himmler im Juli 1942 sollte eine Zusammensiedlung der ukrainischen „Streudeutschen“ an strategisch wichtigen Punkten erfolgen. Diese „stabilisierende“ Maßnahme sollte gleichzeitig der sich angeblich verschlechternden Lage des „Volksdeutschtums“ in der Ukraine entgegenwirken. Die „Siedlungsbrücken“ und „Siedlungsperlen“ waren als stützpunktartige Wehrdörfer konzipiert, die sich wie Perlen an den wichtigsten Durchgangsstraßen aufreihen und somit deren Sicherung garantieren sollten.[183] Diese rigorose und pragmatische Politik Himmlers sah die Aussiedlung der ukrainischen Sowjetdeutschen aus ihren seit Generationen besiedelten Lebensräumen vor.[184] Dies war insofern eine Veränderung der anfänglichen Ostraumplanung, als dass vorher die Anweisung galt, dass „die deutschen Volksgruppen der Schwarzmeergebiete, der Ukraine, Transnistriens und Ostwolhyniens … auf ihrem alten Siedlungsgebiet … die Rückkehr ins deutsche Volk erleben“ sollten.[185] Die Mehrheit der deutschen Bevölkerung in der Sowjetunion sollte ursprünglich auf diese Weise an ihrem bisherigen Aufenthaltsort zu „Trägern der Ostexpansion“ werden und eine Verwendung im Rahmen der Durchführung des Generalplans Ost finden.[186]

---

180 Vgl. Pohl, Ethnic cleansing, S. 45.

181 Zitiert nach: Dallin, Deutsche Herrschaft in Russland, S. 301.

182 Vgl. Klötzel, Die Russlanddeutschen zwischen Autonomie und Auswanderung, S. 130.

183 Vgl. Fleischhauer, Das Dritte Reich und die Deutschen in der Sowjetunion, S. 169.

184 Vgl. ebd., S. 174.

185 Zitiert nach: Fleischhauer/Pinkus, Die Deutschen in der Sowjetunion, S. 242.

186 Vgl. ebd., S. 237.

Die meisten der in Angriff genommenen Umsiedlungsaktionen wurden jedoch aufgrund des Kriegsverlaufs abgebrochen.[187]

Im Hinblick auf die wirtschaftlichen Planungen stand die Versorgung der Truppen bei der Besatzungsmacht an erster Stelle. Die Sicherung von Saat und Ernte hatte oberste Priorität. In Zeiten des Krieges erschien eine wirtschaftliche Umstrukturierung zu gewagt. Aus diesem Grund wurde in den besetzten Gebieten an die Zwangswirtschaft und das Kollektivsystem der Sowjetunion angeknüpft und keine gravierenden Veränderungen in der Besitz- und Bodenstruktur vorgenommen.[188] Nach den Worten von Reichsernährungsminister Backe hätten die Deutschen die Kolchosen erst erfinden müssen, hätten die Sowjets sie nicht vorher schon eingeführt.[189] Die gegensätzlichen Vorstellungen in der Kollektivfrage entwickelten sich zum Streitpunkt zwischen der sowjetdeutschen Bevölkerung und ihren „Befreiern".

In den übrigen wirtschaftlichen Planungen spielten die Sowjetdeutschen selbst eine eher untergeordnete Rolle. Der Rassereferent des Ostministeriums, Dr. Erhard Wetzel, gab im April 1942 eine Stellungnahme zu den wirtschaftlichen Aspekten des Generalplans Ost ab. In dieser stellte er die Frage, ob die Sowjetdeutschen in der Ukraine oder auf der Krim verbleiben, oder überdies Sowjetdeutsche aus anderen Gebieten dorthin „geschafft" werden sollten. Wetzel kam zu dem Schluss, dass die wirtschaftlichen Gesichtspunkte gegen eine Umsiedlung sprachen, da der Reichtum der Ukraine sich „in erster Linie auf die Arbeitskräfte dieser Deutschen"[190] stütze.

Die äußerst späte Evakuierung der Sowjetdeutschen aus der Ukraine und den Gefahrenzonen des sowjetischen Vormarsches beruhte ebenfalls auf wirtschaftlichen Aspekten und dem „Interesse einer möglichst lückenlosen Aussaat und Einbringung der Ernte."[191] Bereits im Winter 1942/43 hatten die Mitarbeiter des Sonderkommandos Stumpp darauf

---

187 Vgl. Fleischhauer, Das Dritte Reich und die Deutschen in der Sowjetunion, S. 174.

188 Vgl. Arnold, Klaus-Jochen, Die Wehrmacht und die Besatzungspolitik in den besetzten Gebieten der Sowjetunion. Kriegführung und Radikalisierung im „Unternehmen Barbarossa", Berlin 2005, S. 90. Vgl. Fleischhauer, Das Dritte Reich, S. 161.

189 Vgl. Fleischhauer, Das Dritte Reich und die Deutschen in der Sowjetunion, S. 176.

190 Zitiert nach: Heiber, Helmut, Der Generalplan Ost, in: VfZ, 6.1958, S. 281 - 325, S. 322f.

191 Fleischhauer, Das Dritte Reich und die Deutschen in der Sowjetunion, S. 206. Gemeint ist die Sommerernte 1943.

gedrängt die örtliche deutsche Bevölkerung aus dem Gebiet um Dnjepropetrowsk auszusiedeln. Nach Anweisung von Hitler sollten die Gebiete jedoch so lange wie möglich bewirtschaftet und für Heimat und Wehrmacht ausgeschöpft werden.[192]

Der Vorzug der Militärs vor den Menschen wurde auch beim Rückzug der Wehrmacht und der gleichzeitig einsetzenden Flucht der Sowjetdeutschen vor der heranrückenden Roten Armee deutlich. An Engpässen wie Bahnhöfen und Flussübergängen genoss die Wehrmacht Vorrang vor den zivilen Flüchtlingstrecks der Sowjetdeutschen.

Die „Administrativumsiedlung" der sowjetdeutschen Bevölkerungsteile wurde von den Nationalsozialisten als „Rückkehr ins deutsche Volk"[193] propagandistisch ausgeschlachtet. Die reichsdeutsche Presse kommentierte die Aktion „Heim ins Reich" im Völkischen Beobachter vom 13. und 14.07.1943 mit dem Artikel „Die Sammlung der Versprengten. Das Deutschtum in der Ukraine kehrt heim in die Volksgemeinschaft."[194] Für die Mehrzahl der „vertreckten" Deutschen aus der Sowjetunion endete die „Rückkehr" jedoch in ghettoartigen Massenlagern des Generalgouvernements und des Warthegaus.[195] Nach dreiwöchiger Quarantäne und einem „Durchschleusungsverfahren", einer sicherheitspolizeilichen und politischen Überprüfung, wurden die Flüchtlinge größtenteils zur „Germanisierung" des Warthelandes auf polnischen Bauernhöfen angesiedelt und einige tausend ins „Altreich" zur Umerziehung und „Festigung ihrer völkischen Werte" geschickt.[196] Verschiedene Gauleiter forderten ausdrücklich für ihren jeweiligen Gau „aus Rußland zurückgeführte Kräfte"[197], die als billige Arbeiter in Großbetrieben und als Landarbeiter eingesetzt wurden. Der Einsatz auf den Gütern des Warthegaus weckte bei vielen Sowjetdeutschen den Eindruck „Arbeitssklaven" zu sein. In einer Besprechung zwischen SS-Obersturmführer Wulfrum von der VoMi und Ministerialdirektor Duckart vom Reichsinnenministerium trug Duckart der SS die Beschwerden des RMO über die Behandlung der Deutschen aus dem Schwarzmeergebiet vor. Darin hieß es, dass die Gauleiter die Flüchtlinge nicht länger als „Arbeits-

192 Vgl. Fleischhauer, Das Dritte Reich und die Deutschen in der Sowjetunion, S. 207.

193 Ebd., S. 193.

194 Zitiert nach: Richter-Eberl, Ethnisch oder national?, S. 79.

195 Vgl. Fleischhauer/Pinkus, Die Deutschen in der Sowjetunion, S. 291.

196 Klötzel, Die Russlanddeutschen zwischen Autonomie und Auswanderung, S. 132.

197 Fleischhauer, Das Dritte Reich und die Deutschen in der Sowjetunion, S. 218.

sklaven" benutzen sollten.[198] In einer Vielzahl von Bittschriften beschrieben die Deutschen aus der Ukraine ihre Lage als „schlechthin unmenschlich." Sie müssten in 12-Stunden-Schichten arbeiten, hätten jedoch kein warmes Wasser und keine sanitären Einrichtungen zur Verfügung. Darüber hinaus hätten sie keine Schuhe und keine warme Kleidung, die Kinder würden Hunger leiden.[199] Diese Unterredung verdeutlicht, wie die von Anfang an unkoordinierten Ansätze für ein „Programm der Russlanddeutschen"[200] in Kompetenzstreitigkeiten zwischen den einzelnen Dienststellen mündeten, in diesem Fall zwischen dem RMO und der Vomi.

Bezüglich des endgültigen Schicksals der sowjetdeutschen Flüchtlinge gab es ebenso widersprüchliche Meinungen und widerstreitende Konzeptionen. Die Zivilverwaltung und das RMO sahen die Ansiedlung der Flüchtlinge im Reichsgau Wartheland als vorübergehend an und strebten eine Aussiedlung der Sowjetdeutschen an. Die Landwirtschaftsführung und der Reichskommissar für die Festigung des deutschen Volkstums (RKFdV), Heinrich Himmler, sprachen sich jedoch für eine endgültige Ansiedlung und deren „Menscheneinsatz" im Wartheland aus. Diesem widersprachen wiederum die Kreisbauernführer des Gaus. Auf diese Weise entbrannte ein „regelrechtes Tauziehen" verschiedener Dienststellen um die Administrativumsiedler.[201]

Zum Ende des Krieges erschien zudem deren militärischer Einsatz für erforderlich. Ab September 1944 erfolgte eine „offensive und massive Rekrutierung von Russlanddeutschen in die Waffen-SS."[202] Mit Hilfe der Sowjetdeutschen sollte Deutschland möglichst lange vor der Besetzung durch feindliche Truppen abgehalten werden. „Die Russlanddeutschen wurden somit als letztes Bollwerk gegen die unweigerlich nach Westen vorstoßenden Sowjets benutzt."[203]

Der größte Teil der sowjetdeutschen Flüchtlinge auf dem Gebiet des Deutschen Reiches fiel nach dem Ende des Krieges in der Zeit vom 20. Mai bis zum 30. September 1945 den Massenrepatriierungen der Roten Armee zum Opfer. In diesen „Rückholaktionen" sowjetischer Staats-

---

198 Vgl. Fleischhauer, Das Dritte Reich und die Deutschen in der Sowjetunion, S. 231.

199 Vgl. ebd.

200 Richter-Eberl, Gekämpft, gehofft und doch verloren?, S. 136.

201 Vgl. Fleischhauer, Das Dritte Reich und die Deutschen in der Sowjetunion, S. 217.

202 Richter-Eberl, Ethnisch oder national?, S. 53.

203 Ebd., S. 62.

bürger mussten sie zumeist gegen ihren Willen und oft unter Gewalteinsatz einen tragischen Weg zurück in die Sowjetunion antreten.[204] Dort erwarteten sie Sammel- und Arbeitslager in Sibirien und Mittelasien. Dieses schwere Los stellte eine weitere Parallele zu den 1941 deportierten sowjetdeutschen Bevölkerungsteilen dar.

---

204 Vgl. Fleischhauer, Das Dritte Reich und die Deutschen in der Sowjetunion, S. 242.

5 Die Erwartungshaltung der Sowjetdeutschen

5.1 Die Bolschewiki aus der Sicht der Sowjetdeutschen

Seit ihrer Einwanderung lebten die deutschen Kolonisten relativ abgeschottet in ihren Siedlungsgebieten. Den Grund für diese Absonderung von der russischen und sonstigen Bevölkerung sieht German in den Privilegien, mit denen die Deutschen Einwanderer geworben wurden:

> „Über ein Jahrhundert lang (1764 - 1871) hatte der besondere Status der unter Sonderverwaltung und auf Basis von Sondergesetzen lebenden Deutschen deren Isolation von der russischen und sonstigen Bevölkerung der Region Vorschub geleistet."[205]

Am nationalen Zusammenhalt innerhalb der deutschen Dörfer änderte die Oktoberrevolution nichts. Im Gegenteil, es sei auffallend, „daß die bolschewistische Revolution einen prinzipiellen Vertrauensbruch zwischen den Russlanddeutschen und ihrer neuen Heimat verursacht hatte."[206] Die größtenteils ablehnende Haltung der deutschen Minderheit gegenüber dem sowjetischen System - Buchsweiler spricht bei ihr von einem „inneren Widerspruch zum sowjetischen System"[207] - lässt sich wie folgt erklären: Die Kollektivierung traf die deutschen Bauern besonders hart. Sie besaßen umfangreiches Landeigentum, der Anteil an „Kulaken" war unter ihnen relativ hoch. Die Sowjetdeutschen machten zwar nur 8 Prozent der Gesamtbevölkerung, jedoch 15 Prozent der verfolgten Kulaken aus.[208] Sie gehörten dadurch in ihrer Mehrzahl jener Gruppe an, gegen die sich die Regierungsmaßnahmen richteten. So wurden beispielsweise die sowjetdeutschen Dörfer in Sibirien von den Behörden als „durch und durch kulakisch"[209] eingestuft. Hinzu kamen zwei weitere

---

205 German, Arkadij, Russen und Deutsche in der Republik der Wolgadeutschen, in Forschungen zur Geschichte und Kultur der Russlanddeutschen, H. 9, S. 113 - 121, S. 113.

206 Klötzel, Die Rußlanddeutschen zwischen Autonomie und Auswanderung, S. 112.

207 Buchsweiler, Meir, Russlanddeutsche im Sowjetsystem bis zum Zweiten Weltkrieg: Minderheitenpolitik, nationale Identität, Publizistik, Essen 1995, S. 40.

208 Ders., Volksdeutsche in der Ukraine, S. 222.

209 Belkovec, Larissa, Das Bild des sibiriendeutschen Kolonisten in Partei - und Sowjetdokumenten am Ende der zwanziger und zu Beginn der dreißiger Jahre, in: Forschungen zur Geschichte und Kultur der Russlanddeutschen, H. 9, S. 132 - 154, S. 137.

„Reibungspunkte“[210] mit der Sowjetmacht. Die Sowjetdeutschen bildeten eine nationale Minderheit und ein hoher Prozentsatz von ihnen war religiös. Das Zusammentreffen dieser Faktoren musste sie in einen besonders scharfen Gegensatz zu Sowjetregierung stellen. Die sowjetdeutsche Volksgruppe hatte somit wenig Grund die Bolschewisten zu unterstützen, ihre Einstellung zu den Maßnahmen der Sowjetmacht sei negativ gewesen.[211] Ein deutscher Konsul in Odessa äußerte sich zu dieser Problematik im Jahr 1926 wie folgt:

> „Vom Bolschewismus will der deutsche Bauer nichts wissen. Er spottet über die Begriffe Kulaki, Mittelbauern und Dorfarmen - Unterschiede, die nach seiner Meinung in deutschen Kolonien überhaupt nicht bestehen - und lacht über die Bemühungen, die Dorfjugend für die Bestrebungen der ‚Pioniere‘ und des ‚Comsomol‘[sic] zu gewinnen.“[212]

Mit ihrem Unwillen den Kolchosen beizutreten, der Forderung nach einer Absage von der Organisation der Kollektive und von einer Abkehr vom Angriff auf die Kulaken stellten sich die Sowjetdeutschen gegen die Linie der bolschewistischen Regierung. Die Verschlechterung der Lebenssituation beeinflusste ihr politisches Bewusstsein so grundlegend, dass die propagandistischen Erfolge der Bolschewiki eher gering blieben.[213] Deutsche Bauern des sibirischen Deutschen Rayons fassten die Einstellung der sowjetdeutschen Bevölkerung zum Wirtschaftsplan der Bolschewiki im November 1929 folgendermaßen zusammen:

> „Der Fünfjahresplan müsse das Bauerntum vernichten und liege nur im Interesse der Arbeiterschaft; die Kollektivierung mache aus Bauern Knechte, was die Deutschen fürchteten, wie der Teufel das Weihwasser‘.“[214]

---

210 Buchsweiler, Volksdeutsche in der Ukraine, S. 244.

211 Belkovec, Das Bild des sibiriendeutschen Kolonisten, S. 137.

212 Brandes, Detlef, Resistenz, Abwehr und Widerstand von Russlanddeutschen 1917 - 1941, in: Forschungen zur Geschichte und Kultur der Russlanddeutschen, H. 8, S. 65 - 73, S. 70.

213 Vgl. Klötzel, Die Rußlanddeutschen zwischen Autonomie und Auswanderung, S. 10.

214 Brandes, Detlef, Kolonist, Bauer und /oder Deutscher? Die Russlanddeutsche Landbevölkerung zwischen den Ständen und Nationalitäten des Russischen Reiches und der Sowjetunion, in: Forschungen zur Geschichte und Kultur der Russlanddeutschen, H. 9, S. 8 - 15, S. 14.

Die anfänglich „distanzierte Grundhaltung gegenüber dem herrschenden politischen System“[215] mündete in manchen Regionen in offenen Widerstand gegen die Kollektivierung und Proteste gegen die Schließung der Kirchen. Der größte Teil der Sowjetdeutschen reagierte mit „innerer Emigration“ und dem Fernbleiben von politischen Organisationen, was zu ihrer Unterrepräsentierung in den örtlichen Parteiorganisationen führte.[216] Zudem gab es nur einen geringen Prozentsatz von KP-Mitgliedern unter der sowjetdeutschen Bevölkerung.[217]

Viele Sowjetdeutsche hegten als Folge der Kollektivierung und der großen Hungersnot 1929/30 einen Auswanderungswunsch, die Ausreisebewegung unter ihnen nahm ein großes Ausmaß an. Der Ausreisewunsch konnte jedoch trotz des „Stroms der Bittgänger in die Konsulate zur Visabeantragung“[218] nur wenigen erfüllt werden. Dennoch besaß die Loyalitätsfrage gegenüber der Sowjetunion für den Großteil der Sowjetdeutschen in den 1920er und der ersten Hälfte der 1930er Jahre „kein reales Gewicht“, denn nach den Worten von Buchsweiler fragt man sich „nicht jeden Morgen beim Aufstehen, ob man der Sowjetunion oder dem Deutschen Reich gegenüber loyal sei.“[219] Im Gegenteil, der überwiegende Teil der sowjetdeutschen Bevölkerung betonte stets und demonstrativ seine Loyalität gegenüber der UdSSR und begegnete den späteren Vorwürfen einer Kollaboration mit dem Hitler-Regime mit Geschichten über Russlanddeutsche Partisanen und über die Arbeit für den Sieg des sowjetischen Vaterlandes im Hinterland.[220]

Es gab Sowjetdeutsche, die sich dem Sowjetstaat verpflichtet fühlten. Diese Loyalität gab es erstaunlicherweise selbst in den Arbeitslagern des NKWD, z.B. in den Ziegelwerken und Steinbrüchen des Bakal-Baus. Hier schufteten deportierte Sowjetdeutsche in der Ansicht, aktive Mithilfe gegen Hitler-Deutschland zu leisten. Ein Lagerinsasse bemerkte zur

---

215 Klötzel, Die Rußlanddeutschen zwischen Autonomie und Auswanderung, S. 100.

216 Vgl. Richter-Eberl, Gekämpft, gehofft und doch verloren?, S. 135.

217 Vgl. Dahlmann, Dittmar, „Operation erfolgreich durchgeführt“, S. 207. Im Jahr 1931 gehörten beispielsweise nur ca. 15 Prozent der Mitglieder der Dorfsowjets (in der Wolgarepublik) der kommunistischen Partei an.

218 Cencov, Viktor, Die deutsche Bevölkerung am Dnepr im Zeichen des stalinistischen Terrors, in: Forschungen zur Geschichte und Kultur der Russlanddeutsche, H. 5, S. 7 - 22, S. 9.

219 Buchsweiler, Russlanddeutsche im Sowjetsystem bis zum Zweiten Weltkrieg, S. 37.

220 Vgl. Brandes, Resistenz, Abwehr und Widerstand von Russlanddeutschen 1917 - 1941, S. 66.

Kleidung in den Arbeitslagern: „Das einzige, was uns an dieser Kleidung ansprach, war ihre Schutzfarbe. In ihr fühlten wir uns wenigstens den Soldaten an der Front etwas näher."[221] Ähnlich dachten manche Sowjetdeutsche im Arbeitslager von Tscheljabinsk im Jahr 1942, die zunächst voller „Elan" ihre Arbeitsnormen erfüllten: „Schließlich muß man hier auch schuften, wenn man uns schon nicht an die Front läßt." Die Stimmung änderte sich, als den Deportierten bewusst wurde, daß man „hier nichts anderes als ein Gefangenenlager baut, und daß die Gefangenen sie selbst waren."[222] Viktoria Davydovna umschrieb die Situation in der Deportation wie folgt:

> „Nun sind wir deutsche Frauen an der Reihe, den ganzen Haß will man gegen uns richten, alle Mißerfolge an der Front uns anlasten, als ob wir und unsere Kinder an etwas schuld wären. Wir waren es doch nicht, die Hitler ins Ohr geflüstert haben, dass er gegen die Sowjetunion mit einem Krieg loszieht."[223]

Den Sowjetdeutschen in den Arbeitslagern wurde nach und nach bewusst, dass sie für die kriegerischen Handlungen des Deutschen Reiches bestraft wurden.

5.2 Die Nationalsozialisten aus der Sicht der Sowjetdeutschen

5.2.1 Vor dem Einmarsch der Wehrmacht

Es gibt nur spärliche und teilweise widersprüchliche Informationen darüber, welche Vorstellungen die Sowjetdeutschen über die Lage im Deutschen Reich besaßen. Meist waren diese sehr vage, da es aufgrund des sehr angespannten Verhältnisses zwischen den beiden Ländern kaum bis gar keine Kontakte zwischen Sowjet- und Reichsdeutschen gab. Dadurch kam es zu einem größtenteils verzerrten Bild von den Vorgängen im Deutschen Reich.

H. Plivier, eine deutsche Emigrantin, die 1935 in die Wolgarepublik kam, beschrieb eine idealisierte Vorstellung: „Die meisten hatten keine Ahnung, wer und was Hitler war, sie glaubten es sei der neue deutsche Kaiser."[224]

---

221 Wolter, Die Zone der totalen Ruhe, S. 40.

222 Ebd., S. 44.

223 Eisfeld, Alfred/Herdt, Victor (Hrsg.), Deportation, Sondersiedlung, Arbeitsarmee: Deutsche in der Sowjetunion 1941 bis 1956, Köln 1996, Dok.193, S. 235.

224 Buchsweiler, Volksdeutsche in der Ukraine, S. 138.

Einige Berichte von Partei- und NKWD-Organen der UdSSR aus der Zeit der Hungersnot in den Jahren 1933/1934 beschreiben eine teilweise überschwängliche Stimmung unter den sowjetdeutschen Antragstellern für die „Hitler-Hilfe". So geht aus einem Vermerk des Parteisekretärs des Rayons Karasuk aus dem Jahr 1934 hervor, dass manche Sibiriendeutsche die Hoffnung hegten, dass „Hitler Flugzeuge schicken werde, um sie nach Deutschland oder in die Ukraine bringen zu lassen, die Deutschland bald erobern werde."[225]

Je größer die Hungersnot in den 1930er Jahren wurde, umso stärker klammerten sich manche Sowjetdeutschen anscheinend an die erhoffte Rettung aus dem Deutschen Reich. So finden sich folgende Notizen in Schülerheften desselben Rayons: „Uns rettet nur die Hilfe deutscher Brüder, sonst kommen wir um."[226] Auffallend dabei ist, dass sich die Hilferufe der Sowjetdeutschen nicht an die eigene politische Führung richteten, sondern an das deutsche Herkunftsland gingen. Ähnliche Aussagen finden sich in Berichten von Rückkehrern aus der Sowjetunion, die davon sprechen, dass unter den Deutschen in verschiedenen Gebieten der UdSSR in der Zeit des Hitler-Stalin-Paktes „Traum und Hoffnung [umgingen], Deutschland werde sie aus dem ‚Kerker Sowjetrußland' befreien."[227] Und speziell unter den Deutschen im Wolgagebiet sei die Erwartung da, „deutsche Schiffe würden bald die Wolga hinaufgefahren kommen, um sie in die Freiheit zu führen."[228] Der Traum von Freiheit spiegelte sich auch in den Erwartungen mancher Sowjetdeutscher beim Kriegsanfang wieder. In dem Dorf Kandel, am Schwarzen Meer gelegen, hätten die älteren Bürger den Einmarsch der deutschen Truppen „kaum abwarten" können, da sie in den Deutschen „die Erlöser vom kommunistischen Joch" sahen.[229] Wie wenig die Kandeler jedoch von Deutschland zu dieser Zeit wussten, zeigt ihre erste Begegnung mit einem echten deutschen Offizier. Dieser hielt eine „belehrende Rede von einem Volk, einem Reich und einem Führer" und beendete diese mit Hacken zusammenschlagen und dem für sie unbekanntem Ausruf „Heil Hitler!" Den Kandelern kam diese Ansprache „unwahrscheinlich komisch, wie in einem Zirkus vor, sie standen noch lange fassungslos da und schauten

---

225 Brandes, Detlef, Savin, Andrej, Die Sibiriendeutschen im Sowjetstaat 1919 - 1938, Essen 2001, S. 391.

226 Ebd.

227 Fleischhauer, Das Dritte Reich und die Deutschen in der Sowjetunion, S. 61.

228 Ebd., S. 62.

229 Vgl. Bosch, Anton/Lingor, Josef, Entstehung, Entwicklung und Auflösung der deutschen Kolonien am Schwarzen Meer am Beispiel von Kandel von 1808 bis 1944, Stuttgart 1990, S. 147.

sprachlos in die vom Motorrad hinterlassene Staubwolke".[230] Diese Unkenntnis änderte jedoch nichts daran, dass Angehörige der deutschen Wehrmacht beim Kriegsanfang als „Befreier" vom sozialistisch-kommunistischen Regime gefeiert wurden.[231] Neben Formulierungen wie „wir wurden befreit" und „wir wurden errettet" galt der Dank der Sowjetdeutschen auch Adolf Hitler, wie es ein Brief aus Kandel vom 12.10.1941 belegt: „Für Tausent mal dang unsrem Führer Adolf Hüttler."[232] Solche Aussagen stützen die Schlussfolgerung von Hermann Mauerer aus dem Jahr 1943, selbst Feldwebel in dem besetzten Dorf Baden, den „Befreiern" würde „ein gläubiges Vertrauen und eine tiefe Liebe zum Führer"[233] entgegenschlagen.

Dagegen beschreiben die Ereignismeldungen der Einsatzgruppen der Sicherheitspolizei und des SD nach dem Einmarsch in der Ukraine eine andere Situation. Darin heißt es, die sowjetdeutsche Bevölkerung in Südrußland hätte „ein vollkommen verzerrtes Bild von den Verhältnissen im Reich und von der nationalsozialistischen Führung", ein großer Teil von ihnen kenne „den Führer kaum dem Namen nach."[234]

Buchsweiler erforschte darüber hinaus die politische Einstellung der Sowjetdeutschen gegenüber den Nationalsozialisten. Anhand der aus der Sowjetunion nach Kanada ausgewanderten Mennoniten nahm er eine stichprobenartige Untersuchung vor. Seiner Meinung nach gab es „Ähnlichkeiten" zwischen den Ausgewanderten und den in der Sowjetunion Verbliebenen.[235] Nach Analyse der mennonitischen Literatur und Presse der 1930er Jahre zieht er die Schlussfolgerung, dass die kanadischen Mennoniten eine „erhebliche Sympathie für den Nationalsozialismus oder - zurückhaltender ausgedrückt - für das nationalsozialistische Deutschland"[236] besaßen. So sei z.B. in der Zeitschrift „Der Bote" Stimmen aus dem Deutschen Reich viel Platz eingeräumt worden

---

230 Bosch, Anton/Lingor, Josef, Entstehung, Entwicklung und Auflösung der deutschen Kolonien am Schwarzen Meer am Beispiel von Kandel von 1808 bis 1944, Stuttgart 1990, S. 153.

231 Vgl. Walth, Richard H., Strandgut der Weltgeschichte: Die Rußlanddeutschen zwischen Stalin und Hitler, Essen 1994, S. 62.

232 Buchsweiler, Volksdeutsche in der Ukraine, S. 309.

233 Ebd.

234 Zitiert nach: Fleischhauer/Pinkus, Die Deutschen in der Sowjetunion, S. 251.

235 Vgl. Buchsweiler, Volksdeutsche in der Ukraine, S. 91.

236 Ebd., S. 92.

und einige Verfasser von Beiträgen hätten nationalsozialistische Auffassungen vertreten dürfen.[237]

Gründe ihrer Sympathie für das nationalsozialistische Deutschland sieht Buchsweiler in der antikommunistischen Einstellung der ausgewanderten Mennoniten und dem damaligen wirtschaftlich-sozialen Aufschwung in Deutschland. Darüber hinaus fühlten sich viele Mennoniten aufgrund der vom Deutschen Reich geleisteten Hilfe in der Hungersnot 1929 diesem gegenüber verpflichtet.[238]

Buchsweiler folgert daraus, dass es unter den Sowjetdeutschen in Kanada weitgehende nationalsozialistische Tendenzen gegeben habe und stellt die Hypothese auf, es sei zu erwarten, „daß sich ähnliche Auffassungen auch im Kreise einer verwandten Bevölkerungsgruppe fanden, die in der Sowjetunion verblieben war."[239] Diese Hypothese müsse jedoch noch näher überprüft werden.

Dem Verfasser der vorliegenden Arbeit erscheint es jedoch problematisch von so einer relativ kleinen, ehemaligen, sowjetdeutschen Bevölkerungsgruppe - seit der Oktoberrevolution waren ungefähr 20.000 Mennoniten nach Kanada ausgewandert - auf die Sowjetdeutschen als Ganzes schließen zu wollen.

5.2.2 Während der Besatzungszeit

Nach dem Einmarsch der Wehrmacht in die UdSSR kamen die Sowjetdeutschen in direkten Kontakt mit „Reichsdeutschen", die sie vorher allenfalls nur aus Erzählungen und Berichten kannten. Es kam präziser ausgedrückt nur ein bestimmter Teil von ihnen unter die reichsdeutsche Militärverwaltung. Dazu gehörte die von den Sowjets nicht deportierte deutsche Bevölkerung der Ukraine, WeißRusslands, des Donbass und des Kaukasus.

Das folgende Kapitel thematisiert, mit welchen Erwartungen die reichsdeutschen Besatzer empfangen wurden und wie sich das Verhältnis von Reichs- und Sowjetdeutschen zueinander entwickelte. Zudem wirft es die Frage auf, welche Erfahrungen die sowjetdeutsche Bevölkerung mit der reichsdeutschen Verwaltung machte und ob sich deren Einstellung gegenüber der Besatzungsmacht nach dem Einmarsch änderte.

Über die Art des Empfangs der Wehrmacht in den von ihr besetzten Gebieten gibt es unklare Darstellungen. Während sie in der Westukraine

---

237 Vgl. Buchsweiler, Volksdeutsche in der Ukraine, S. 91.

238 Vgl. ebd.

239 Ebd., S. 93f.

eher zurückhaltend empfangen worden sei, habe es in der Ostukraine eine freundliche und teilweise begeisterte Aufnahme der deutschen Truppen gegeben. Hier habe die sowjetdeutsche Bevölkerung ihre „ehrliche Freude über die deutsche Besatzung“ zum Ausdruck gebracht und die Truppen als „Befreier vom bolschewistischen Joch[240] gefeiert. In den meisten anderen besetzten Gebieten seien die Sowjetdeutschen freundlich, aber „reserviert“ bis „sehr reserviert“ gewesen.[241] Vermutlich aus Furcht vor möglichen sowjetischen Repressalien im Falle eines Rückzugs der deutschen Truppen habe die sowjetdeutsche Bevölkerung diese „sehr zurückhaltend, ohne die erwartete Begeisterung und Dankbarkeit“[242] empfangen.

Nach dem Einmarsch habe sich die Situation aufgrund der Abneigung, die ein Teil der Sowjetdeutschen gegen das sowjetische Regime empfand, geändert. Auch im Hinblick auf ihre Wünsche und Sehnsüchte gaben viele Sowjetdeutsche ihre reservierte Haltung schnell auf. Die Hoffnung der sowjetdeutschen Bauern auf Abschaffung der Kollektivwirtschaft bzw. die Befreiung vom Kolchos war ungemein groß und weit verbreitet. Pohl ist der Meinung, dass ganz oben bei den Erwartungen „die Zulassung des religiösen Lebens und die Eigentumsfrage“ rangierten.[243] Das Kollektivsystem wurde von den sowjetdeutschen Bauern als „geradezu unerträglich“ angesehen.[244] Neben diesen „Reprivatisierungsbestrebungen“[245] gab es bei den Sowjetdeutschen auch eine große Sehnsucht nach religiöser Betätigung, Buchsweiler spricht von einem regelrechten „Hunger nach religiösen Handlungen“.[246]

Vereinzelt wurde auch ein Umsiedlungswille geäußert, mit der Kernaussage, die Sowjetdeutschen hätten genug gelitten und damit Sühnung für den Schritt ihrer Vorväter getan, die die Heimat verließen.[247] Die reichs-

---

240 Fleischhauer, Das Dritte Reich und die Deutschen in der Sowjetunion, S. 92.

241 Vgl. ebd., S. 105.

242 Wolter, Die Zone der totalen Ruhe, S. 104.

243 Vgl. Pohl, Dieter, Die Herrschaft der Wehrmacht. Deutsche Militärbesatzung und einheimische Bevölkerung in der Sowjetunion 1941 – 1944, München 2008, S. 138.

244 Vgl. Fleischhauer, Das Dritte Reich und die Deutschen in der Sowjetunion, S. 179.

245 Arnold, Klaus-Jochen, Die Wehrmacht und die Besatzungspolitik in den besetzten Gebieten der Sowjetunion. Kriegführung und Radikalisierung im „Unternehmen Barbarossa“, Berlin 2005, S. 153.

246 Buchsweiler, Volksdeutsche in der Ukraine, S. 333.

247 Vgl. Buchsweiler, Volksdeutsche in der Ukraine, S. 329.

deutsche Besatzungsmacht hatte jedoch keineswegs die Absicht, die Übersiedlung ins Deutsche Reich zu ermöglichen.

Mit der Zeit wich die anfängliche Hoffnung der Enttäuschung. Die reichsdeutsche Wirtschaftsführung hatte kein Interesse daran, das Kollektivsystem abzuschaffen, es sollte als „nützlichste Arbeitsform zur Erzielung maximaler Erträge“[248] aufrechterhalten werden. Die Besatzungsmacht übte eine Zwangspolitik aus, die an das sowjetische System anknüpfte. Auch auf dem religiösen Sektor fanden die Sehnsüchte der Sowjetdeutschen kaum Beachtung. Während die Militärverwaltung religiöses Leben, wie z.B. in der Ukraine, noch begrenzt zuließ, änderte sich das mit dem Eintreffen der SS. Diese zeigte eine geringschätzige Haltung gegenüber den religiösen Riten der sowjetdeutschen Bevölkerung. Die „Richtlinien für die Behandlung der Religionsfrage“ des OMI untersagten den Wehrmachtsgeistlichen am religiösen Leben der örtlichen Bevölkerung teilzunehmen.[249] Zu Irritationen bei der streng gläubigen sowjetdeutschen Bevölkerung führte auch der Umstand, dass die Übungen der Hitlerjugend und die Wehrertüchtigung der Männer vielfach am Sonntagmorgen während der Gottesdienstzeit stattfanden.[250]

Mit der Zeit wurde überdies ein ideologischer Gegensatz zwischen den Sowjetdeutschen und der reichsdeutschen Besatzungsmacht deutlich. Die zuständigen Stellen der SS stellten einen „Mangel an Juden- und Slawenhaß in der deutschrussischen Bevölkerung“ fest, gegen diese „Erscheinung“ konnten die Einsatzkommandos der Sicherheitspolizei und des SD mit nur mäßigem Erfolg ankämpfen.[251] Der überwiegende Teil der sowjetdeutschen Bevölkerung zeigte kein Verständnis für die Einstellung der SS und deren menschenverachtende Behandlung anderer ethnischer Gruppen. Dies wurde von der SS als ungenügend entwickeltes Volkstumsbewusstsein bei den Sowjetdeutschen bemängelt.

Neben Augenzeugenberichten von der Liquidation der Juden, bekamen Sowjetdeutsche im Rahmen des Einsatzes in Selbstschutzeinheiten unmittelbar mit, dass die Verantwortungsträger des eigenen Volkes sich nicht anders aufführten als die Sowjets.[252] Der „volksdeutsche“ Selbstschutz war bei der Abholung jüdischer Familien beteiligt und für die Zu-

---

248 Fleischhauer, Das Dritte Reich und die Deutschen in der Sowjetunion, S. 95.

249 Vgl. Buchsweiler, Volksdeutsche in der Ukraine, S. 333.

250 Vgl. Walth, Richard H., Strandgut der Weltgeschichte: Die Rußlanddeutschen zwischen Stalin und Hitler, Essen 1994, S. 234.

251 Vgl. Fleischhauer, Das Dritte Reich und die Deutschen in der Sowjetunion, S. 93.

252 Vgl. Schumann, Fremde Heimat, S. 164.

schüttung der Gruben an den Exekutionsstellen zuständig.[253] Buchsweiler geht davon aus, dass „mindestens einige hundert, wenn nicht sogar einige tausend, von ihnen [den Sowjetdeutschen] (...) sich aktiv an den Vernichtungsaktionen" gegen die Juden beteiligten."[254] Fleischhauer ist ebenfalls der Meinung, dass die sowjetdeutschen Selbstschutzleute aktiv am so genannten „Judentreiben" beteiligt waren.[255] Buchsweiler stellt das Verhältnis der Sowjetdeutschen zu der Besatzungsmacht wie folgt da:

> „Nach der nationalsozialistischen Eroberung arbeitete die überwiegende Mehrheit der einheimischen Deutschen in unterschiedlichem Ausmaß mit der Besatzungsmacht zusammen - von passiver Kooperation bis zur Teilnahme an Kriegsverbrechen."[256]

Dies legt die Vermutung nahe, dass sich zumindest ein Teil der Sowjetdeutschen durchaus für nationalsozialistische Zwecke einspannen ließ. Die breite sowjetdeutsche Bevölkerung reagierte dagegen auf das Bekanntwerden, was vor allem die jüdische Bevölkerung von den Einsatzgruppen der SS zu erwarten hatte, mit zunehmender Zurückhaltung gegenüber den Besatzern und distanzierte sich von solchen militärpolitischen Aktionen. Diese „vorwiegend indifferente Haltung gegenüber den Juden"[257] fand eine wiederholte Erwähnung in Schreiben der SS. Hier zeigte sich, dass die Sowjetdeutschen nur ein unklares Bild vom Wesen des Besatzungsregimes besaßen, welches sich allmählich zu wandeln begann. Der Bürgermeister der Stadt Waterloo, in der Nähe von Odessa gelegen, beschrieb die Diskrepanz zwischen Vorstellung und Wirklichkeit wie folgt:

> „Die Kriegsereignisse hatten uns nicht besonders berührt. Aber die Erschießungen von Menschen, die niemandem von uns etwas zu Leide getan hatten, riefen doch einen tiefen Eindruck hervor. Wir alle begrüßten die deutschen Soldaten als unsere Befreier.

---

253 Vgl. Fleischhauer, Das Dritte Reich und die Deutschen in der Sowjetunion, S. 111.

254 Buchsweiler, Volksdeutsche in der Ukraine, S. 383. (Die Zahl bezieht sich auf die verbliebenen Sowjetdeutschen in Transnistrien und der Ukraine.)

255 Vgl. Fleischhauer, Das Dritte Reich und die Deutschen in der Sowjetunion, S. 112.

Buchsweiler schätzt die Stärke des Selbstschutzes in Transnistrien auf 8.000 - 9.000 Mann, Fleischhauer rechnet mit etwa 7.000 Mann und im gesamten von der Wehrmacht besetzten Gebiet mit 20.000 Mann (Frühjahr 1942). Vgl. zur Zahl der Selbstschutzleute: Buchsweiler, Volksdeutsche in der Ukraine, S. 328. Vgl. Fleischhauer, Das Dritte Reich und die Deutschen in der Sowjetunion, S. 126.

256 Buchsweiler, Volksdeutsche in der Ukraine, S. 392.

257 Fleischhauer, Das Dritte Reich und die Deutschen in der Sowjetunion, S. 108.

Wir alle waren froh, dass sie nun da waren, und glaubten uns von allem Bösen befreit. In der deutschen Nation sahen wir immer das Beste, nur das Gute und das Vorbild. Nun aber waren sie da, unsere Landsleute, und erschossen für uns ohne Grund unsere Nachbarn, mit denen wir friedlich gelebt hatten. Das war uns allen unverständlich, und wir empfanden es wie einen Schlag ins Gesicht. Es war ein Schock für uns, dieses Volk, dem wir angehörten, ständig als leuchtendes Vorbild des Guten vor Augen gehabt zu haben."[258]

Seinem Bericht zufolge wollte die sowjetdeutsche Bevölkerung nicht auf Kosten ihrer Nachbarn leben. Deren unmenschliche Behandlung habe eine moralische Rückwirkung auf sie gehabt und löste eine Entfremdung zwischen den sowjetdeutschen Gemeinden und den SS-Kommandos aus.

---

258 Fleischhauer, Das Dritte Reich und die Deutschen in der Sowjetunion, S. 114f.

6 Nationalitätenpolitische Sonderstellung der Sowjetdeutschen

6.1 Die Reaktion der Sowjetregierung auf die Gefahr einer Fünften Kolonne

Die Bezeichnung „Fünfte Kolonne" definiert diese als

> „politische Gruppen, die bei Kriegen oder internationalen Konflikten mit dem Gegner des eigenen Staates aus ideologischen Gründen meist verdeckt zusammenarbeiten; sie betreiben für ihn Spionage, verüben Sabotage, leisten Propaganda, organisieren Nachschub (besonders an Waffen) und stellen ihre Ortskenntnis zur Verfügung."[259]

Das Ziel einer „Fünften Kolonne" ist der Umsturz einer bestehenden Ordnung im Interesse einer fremden aggressiven Macht. Der Begriff wurde im spanischen Bürgerkrieg (1936 - 1939) geprägt. Vier Kolonnen von General Franco belagerten die Hauptstadt Madrid, es hieß, eine fünfte Kolonne kämpfe im Stadtgebiet selbst.[260] Bezogen auf den Nationalsozialismus würde eine Fünfte-Kolonnen-Politik die innere Aushöhlung der Staaten im Osten Europas bedeuten, in denen sogenannte Volksdeutsche lebten.

Der ideologisch bedingte Glaube des Sowjetstaates als einziges kommunistisches Land von Feinden umgeben zu sein erzeugte bei diesem die Furcht, „ausländische Staaten könnten durch grenzüberschreitende ethnische Kontakte [...] feindliche Einflüsse in die Sowjetunion tragen."[261] Aufgrund der „nationalsozialistischen Ausdehnungstendenzen"[262] wurde diese Furcht durch die Annahme verstärkt, die Nationalsozialisten könnten sich auf die sowjetdeutsche Minderheit stützen. Laut Hermann Rauschning äußerte sich Hitler 1934 in diesem Zusammenhang wie folgt:

> „Sie [die Volksdeutschen/ d. Verf.] werden an der vordersten Front unserer deutschen Kampfbewegung als die Vorposten

---

259 Brockhaus-Enzyklopädie in 24 Bänden, Achter Band FRU-GOS, 19. Auflage Mannheim 1989.

260 Vgl. Buchsweiler, Volksdeutsche in der Ukraine, S. 94.

261 Martin, Terror gegen Nationen in der Sowjetunion, in: Osteuropa, 50., S. 611.

262 Buchsweiler, Volksdeutsche in der Ukraine, S. 42.

Deutschlands es uns ermöglichen, unseren Aufmarsch zu vollziehen und unsere Kampfhandlungen einzuleiten."[263]

Innerhalb der Machtpolitik Hitlers verkörperten die auslandsdeutschen Volksgruppen somit eine Art Werkzeug für die Gewinnung von Lebensraum. Nachdem sich die Nazipropaganda ab der Mitte der 1930er Jahre offiziell den „Volks-" und „Auslandsdeutschen" annahm, schien der Sowjetregierung die Loyalität der Sowjetdeutschen spätestens seit der „Hitler-Hilfe" zweifelhaft, sie hielt diese zumindest für politisch unzuverlässig. Die nationalsozialistische Gefahr bestimmte von nun an die sowjetische Innenpolitik gegenüber den Sowjetdeutschen, die Rolle des außenpolitischen Faktors wurde von großer Bedeutung für deren Schicksal. Bis in die 1970er Jahre hinein vertrat der sowjetische Staat den Standpunkt, dass die ständigen Appelle an die Volksdeutschen in der UdSSR dazu beitrugen, „daß Mißtrauen gegenüber den Sowjetbürgern deutscher Nationalität entstand."[264]

Dieses gab es jedoch bereits im 1. Weltkrieg. Zu dieser Zeit war die deutschfeindliche Stimmung („Germanophobie") im Russischen Reich durch politische Repressionen, Enteignungen und Diskriminierungen was Sprache und Religion betraf gekennzeichnet. Die Russlanddeutschen wurden dazu verurteilt die Rolle der Sündenböcke für die Folgen des Krieges einzunehmen.[265] Russlanddeutsche im Dienst der Roten Armee wurden von der Westfront abgezogen, Russlanddeutsche Bauern aus frontnahen Gebieten hinter die Wolga gebracht und ca. 200.000 Wolhyniendeutsche im Zeitraum von Juni bis September 1914 ins Landesinnere verschickt.[266] Die Evakuierung „politisch unverläßlicher nationaler Minderheitengruppen [...] aus strategisch empfindlichen Zonen"[267] nahm damit bereits im 1. Weltkrieg ihren Anfang. Des Weiteren wurde von der russischen Regierung eine Einschränkung des Russlanddeutschen Landbesitzes beschlossen. Die „Liquidationsgesetze" vom Februar 1915 verboten den Kauf oder die Pacht von Land für Per-

---

263 Rimscha, Hans von, Zur Gleichschaltung der deutschen Volksgruppen durch das Dritte Reich. Am Beispiel der deutschbaltischen Volksgruppe in Lettland, in: HZ, 182. 1960, S. 29 - 63, S. 59.

264 Zitiert nach: Buchsweiler, Volksdeutsche in der Ukraine, S. 281.

265 Vgl. Dönninghaus, Victor, Das Bild des „inneren Feindes" im Ersten Weltkrieg oder die antideutschen Pogrome in Moskau vom 26.-29. Mai 1915, in: Forschungen zur Geschichte und Kultur der Russlanddeutschen, H. 9, S. 16 - 34, S. 18.

266 Vgl. Brandes, Von den Verfolgungen im Ersten Weltkrieg bis zur Deportation, S. 131. Vgl. zur Anzahl: Wolter Die Zone der totalen Ruhe, S. 123.

267 Fleischhauer, „Unternehmen Barbarossa", S. 300.

sonen deutscher, österreichischer oder ungarischer Abstammung und bestimmten den Zwangsverkauf von deren Grundbesitz innerhalb eines festgelegten Grenzstreifens von 150 km zu den oben genannten Ländern.[268]

Zudem fanden Verbannungen von Personen nach Sibirien statt, die besonderer Sympathien für Deutschland verdächtig waren oder in der Vergangenheit Verbindungen zu Deutschland unterhielten.[269]

Im Gegensatz zu diesen in Kriegszeiten vorgenommen Maßnahmen setzte der Verlust der kulturellen Rechte der Sowjetdeutschen in der UdSSR bereits zu Friedenszeiten ein. Das Phänomen, dass die sowjetdeutschen Siedlungen eine geschlossene nationale Einheit bildeten löste bei den sowjetischen Behörden Argwohn aus und wurde von diesen im zunehmenden Maße als Problem angesehen. In den sowjetdeutschen Dörfern war es schwierig die sozialen Schichten gegeneinander abzugrenzen, da „keine Aufspaltung entlang der Klassengrenzen"[270] möglich gewesen sei. Parteidokumente dieser Zeit dokumentieren, dass die nationale Identität der Sowjetdeutschen und ihr nationaler Zusammenhalt (Deutschtum) den sowjetischen Behörden in zunehmendem Maße Sorge bereitete.[271] Zudem lehnten sich sowjetdeutsche Dörfer teilweise offen gegen die Parteilinie und die Zwangskollektivierung auf und es gab regelrechte Aufstände und Proteste ihrerseits gegen die Schließung der Kirchen, z.B. an der Wolga, in der Südukraine und in Kasachstan.

Als Angehörige einer ausländischen Titularnation und vor dem Hintergrund des damaligen akuten politischen und ideologischen Gegensatzes zweier totalitärer Regime geriet die sowjetdeutsche Bevölkerung unweigerlich ins Visier der sowjetischen Geheimpolizei. Mit dem Ziel der Neutralisierung einer „potentiellen ‚fünften Kolonne' von rund 1 Million Deutschen im Falle des befürchteten deutschen Angriffs"[272] wurde sie unter die heimliche Kontrolle und Aufsicht der Sicherheitsbeörden gestellt. Das Sowjetregime sah die Sowjetdeutschen in der Folge als „potential spies for the German-Reich"[273] an.

Im Jahr 1934 wurde mit der Anfertigung von geheimen Listen begonnen, die vollständige und genaue Angaben darüber enthielten, wo und in welchen Funktionen Personen deutscher Nationalität in der Industrie

268 Vgl. Striegnitz, Der Weltkrieg und die Wolgakolonisten, S. 134.

269 Vgl. ebd., S. 139. Vgl. Richter-Eberl, Ethnisch oder National?, S. 12.

270 Belkovec, Das Bild des sibiriendeutschen Kolonisten, S. 137.

271 Vgl. ebd., S. 141.

272 Fleischhauer, „Unternehmen Barbarossa", S. 319.

273 Pohl, Ethnic cleansing, S. 30.

arbeiteten. Jedes Amt und jedes Volkskommissariat in allen Landesteilen bekam den Auftrag alles über die sowjetdeutsche Bevölkerung in Erfahrung zu bringen.[274] Bis Ende 1934 wurde jeder Sowjetdeutsche im vollen Umfang personell erfasst:

> „Das ZK der KPSS der UdSSR hatte Ende 1934 die genauesten Angaben über die Zahl und die dienstliche Beschäftigung aller in der Sowjetunion lebenden Deutschen vorliegen."[275]

Diese Listen seien „in preparation for deportation in the event of a military conflict with Nazi Germany"[276] angefertigt worden.

Am 25. Juli 1937 gab das NKWD an seine regionalen Organe die Direktive zur Liquidierung der „Fünften Kolonne innerhalb der UdSSR" heraus.[277] Laut den sowjetischen Sicherheitsbehörden schickte sich diese an, „Deutschland und Japan bei ihren aggressiven Absichten gegen den Sowjetstaat zu unterstützen."[278] Bis 1938 wurden die Führer der sowjetdeutschen Abteilungen der Kommunistischen Partei verurteilt und deportiert, danach Führungskräfte der Wolgarepublik, der deutschen nationalen Rayons sowie die Herausgeber deutscher Zeitungen und Zeitschriften, bis schließlich die gesamte sowjetdeutsche höhere Bildungsschicht vernichtet war.[279]

Auf dem Höhepunkt des Kampfes gegen die „deutsche Konterrevolution"[280] in den Jahren 1937/38 standen die Sowjetdeutschen unter dem Generalverdacht als Spione und Saboteure für das Dritte Reich tätig zu sein und es reichte schließlich aus, „Deutscher zu sein, um verhaftet zu werden."[281] Die Untersuchungsbeamten hatten nur noch die Zahl und die Namen der verhafteten Sowjetdeutschen in die vorgedruckten Formulare einzusetzen:

> „Der im Rayon [Name des Rayons] verhaftete Deutsche (Name) sagte aus, daß er seit (Jahr) Teilnehmer einer deutschen aufstän-

---

274 Vgl. Klötzel, Die Russlanddeutschen zwischen Autonomie und Auswanderung, S. 107.

275 Fleischhauer, „Unternehmen Barbarossa", S. 321.

276 Pohl, Ethnic cleansing, S. 30.

277 Vgl. Brandes/Savin, Die Sibiriendeutschen im Sowjetstaat, S. 399.

278 Belkovec, GPU-/NKVD-Dokumente über die Verfolgung von Sibiriendeutschen 1937 - 1938, in: Forschungen zur Geschichte und Kultur der Russlanddeutsche, H. 5, S. 81 - 84. S. 81.

279 Vgl. Schuman, Fremde Heimat, S. 149f.

280 Cencov, Die deutsche Bevölkerung am Dnepr, S. 13.

281 Ebd., S. 15. Vgl. Belkovec, GPU-/NKWD-Dokumente, S. 84.

dischen Organisation und Mitglied einer Sturmgruppe war, angeworben wurde er von (Namen angeben)."[282]

Alle Handlungen der örtlichen Behörden wurden durch Anordnungen aus Moskau gelenkt und korrigiert. Von dort kamen die Anweisungen über die der Vernichtung unterliegenden „Bevölkerungs-Kontingente", durch massenhafte Reihenverhaftungen sollten die erstellten „Kontrollziffern" erfüllt werden. Dies ergab eine Untersuchung von Akten über Sibiriendeutsche, die 1937 bis 1938 auf dem Territorium des heutigen Gebietes Novosibirsk verfolgt worden waren.[283]

Die Verhaftungswellen waren eine Maßnahme im Hinblick auf einen möglicherweise bevorstehenden Krieg mit Deutschland, denn die Furcht Stalins vor einem deutschen Eroberungskrieg sei psychologisch nicht unbegründet gewesen.[284] In diesem Zusammenhang erscheint ebenso die Erfassung der sowjetdeutschen Bevölkerung in geheimen Listen als eine weitere Präventivmaßnahme. Diese Listen bildeten die Grundlage für die spätere Deportation, die „allem Anschein nach [eine] früher gefaßte Grundsatzentscheidung"[285] gewesen sei. Der ausschlaggebende Grund für diese Schritte sei „the Kremlin's suspicion of ethnic German's potential collaboration"[286] gewesen.

Hilkers/Stricker sind der Meinung, dass seit Ende der 1930er Jahre die Repressionen gegen Sowjetdeutsche „deutlich schärfere Formen" annahmen, als diejenigen gegen andere nationale Minderheiten.[287] Die Frage, wie groß die Bereitschaft der sowjetdeutschen Bevölkerung war, sich für Handlungen einer Fünften Kolonne einspannen zu lassen, falls sie dazu aufgefordert würden[288], bildete offenbar den größten Unsicherheitsfaktor im Denkansatz des Sowjetregimes. Dieses sah bald Feinde „in their own citizens of ethnic German origins."[289] Buchsweiler glaubt dagegen nicht, dass die Sowjetdeutschen unter den Minderheiten am stärksten benachteiligt worden sind. Zugleich räumt er ein, dass „wenn sie zu den stärker Betroffenen gehörten", dies „offenbar nicht wegen ihrer Herkunft" sondern aufgrund anderer Charakteristika wie der Zugehörigkeit zu be-

---

282 Cencov, Die deutsche Bevölkerung am Dnepr, S. 14.

283 Vgl. Belkovec, GPU-/NKVD-Dokumente, S. 81.

284 Vgl. Fleischhauer, Die sowjetische Außenpolitik und die Genese des Hitler-Stalin-Paktes, S. 20.

285 Fleischhauer, „Unternehmen Barbarossa, S. 303.

286 Mukhina, The Germans of the Soviet Union, S. 34.

287 Vgl. Hilkers/Stricker, Die Jahre nach dem Zweiten Weltkrieg, S. 221.

288 Vgl. Buchsweiler, Volksdeutsche in der Ukraine, S. 96.

289 Mukhina, Irina, The Germans of the Soviet Union, S. 33.

stimmten Personenkategorien, guter wirtschaftlicher Lage, Religiosität und Absonderung geschah.[290] Die aufgrund des erlittenen Leids nicht auszuschließende ablehnende Einstellung der Sowjetdeutschen gegenüber dem Sowjetregime intensivierte bei der Sowjetregierung womöglich die Angst vor einer Fünften Kolonne.

Bis 1941 wurden ca. 100.000 Sowjetdeutsche verhaftet und von ihren Wohnorten deportiert, „although the number may have been much higher."[291] Diese Zwangsverschickungen waren Vorbote der Katastrophe, die ab 1941 über alle Angehörigen dieser nationalen Minderheit hereinbrechen sollte.[292]

6.2 Die Rolle der inneren Feinde im Zweiten Weltkrieg: Der Kollaborationsvorwurf

Nach dem deutschen Überfall auf die Sowjetunion wurde die gezielte Überwachung der Sowjetdeutschen verstärkt, die NKWD-Organe berichteten ausführlich über die Stimmung der sowjetdeutschen Bevölkerung aus allen Landesteilen. In den Berichten wurde festgehalten, ob in einem bestimmten Territorium lebende deutsche Kolonisten vermeintlich „unverhohlen antisowjetisch gestimmt" waren, ob sie in der Bevölkerung „allerlei Diffamierungen der bestehenden Ordnung" verbreiteten oder ob es „aus der Mitte der Deutschen Versuche, konterrevolutionäre Tätigkeit, Sabotageakte und Schädigungsarbeit durchzuführen, die auf Schwächung der rückwärtigen Dienste der Roten Armee abzielen", gegeben habe.[293]

Das Mutterland der deutschen Kolonisten war zum Feindstaat der Sowjetunion geworden, sie selber wurden nun zu „Verfemten" unter den Völkern der UdSSR. Die Sowjetregierung wollte den Sowjetdeutschen keine Gelegenheit zu einer wie auch immer gearteten Form von Kollaboration geben. Aus diesem Grund wurden die Angehörigen der deutschen Minderheit „pauschal als ‚fünfte Kolonne' stigmatisiert"[294] und sollten dem Zugriff NS-Deutschlands entzogen werden. Dies hatte die Entfernung möglichst großer Teile der sowjetdeutschen Bevölkerung und damit eines potentiellen Risikofaktors aus dem möglichen Vormarschgebiet der Invasionstruppen zur Folge.

---

290 Vgl. Buchsweiler, Russlanddeutsche im Sowjetsystem, S. 40.

291 Mukhina, The Germans of the Soviet Union, S. 41.

292 Vgl. Fleischhauer/Pinkus, Die Deutschen in der Sowjetunion, S. 303.

293 Vgl. Eisfeld/Herdt, Deportation, Sondersiedlung, Arbeitsarmee, S. 40.

294 Pohl, Dieter, Die Herrschaft der Wehrmacht, S. 123.

Die Deportation der Sowjetdeutschen vollzog sich in mehreren Phasen, es handelte sich demnach um mehrere nacheinander stattfindende Wellen der Deportation, die parallel zum Verlauf der Frontlinie verliefen: „As the front line moved east, so did the areas from which Germans were relocated."[295] Wenige Wochen nach dem Überfall Deutschlands auf die Sowjetunion begann die Zwangsumsiedlung aus den frontnahen Gebieten. Während der ersten Deportationswelle vom 10. Juli bis Ende Oktober 1941 wurden 100.000 Sowjetdeutsche aus der Ukraine und 35.000 Sowjetdeutsche von der Krim deportiert.[296] Diese waren „the first wartime deportees who would be followed by many other Germans."[297] Der sowjetdeutschen Bevölkerung der Krim wurde noch kein Vorwurf der Kollaboration mit dem Feind gemacht. Diese Zwangsverschickung wurde als „Vorsorgemaßnahme zum Wohle der Bevölkerung" umschrieben: „Wir bringen euch ins Hinterland, damit ihr nicht unter den Kriegshandlungen zu leiden habt."[298]

In einer Gefechtsmeldung des Kriegsrats der Südfront an das Hauptquartier des Oberkommandos vom 3. August 1941 wurde der Kollaborationsvorwurf an die sowjetdeutsche Bevölkerung zum ersten Mal konkretisiert. Hier heißt es unter Punkt 1:

> „Die Kriegshandlungen am Dnestr haben gezeigt, daß die deutsche Bevölkerung auf unsere zurückweichenden Truppen aus Fenstern und Gärten schoß. Es wurde ferner festgestellt, daß die einmarschierenden deutschen Truppen am 1. August in einem deutschen Dorf mit Brot und Salz begrüßt wurden."[299]

Neben dem Vorwurf, dass die einfallende Wehrmacht von der sowjetdeutschen Bevölkerung auf freundliche Art und Weise empfangen wurde , war der weit aus schlimmere, dass diese den Soldaten der Roten Armee in den Rücken fiel und demnach an den Kriegshandlungen als „Überläufer" teilnahm.

Die Vorgehensweise gegen die weiter von der Front lebenden Sowjetdeutschen bedurfter einer Vorbereitungsphase und gut ausgearbeiteter Pläne. Im Zentrum des Interesses der Sicherheitsbehörden stand dabei die Wolgarepublik.

---

295 Mukhina, The Germans of the Soviet Union, S. 34.

296 Vgl. Klötzel, Die Russlanddeutschen zwischen Autonomie und Auswanderung, S. 122.

297 Mukhina, The Germans of the Soviet Union, S. 41.

298 Eisfeld, Die Russlanddeutschen, S. 118/125.

299 Eisfeld/Herdt, Deportation, Sondersiedlung, Arbeitsarmee, S. 45.

In der ersten Julihälfte 1941 wurden die Städte der Wolgarepublik unter NKWD-Aufsicht gestellt[300], „das Damoklesschwert der Vertreibung" schwebte bereits über den Köpfen ihrer sowjetdeutschen Bewohner.[301]

Die Absicht einer Deportation der Wolgadeutschen äußerte der Volkskommissar des Innern der UdSSR, Lawrenti Berija, während eines Besuchs der Wolgarepublik im Juli 1941.[302] Er erklärte, die Wolgadeutschen würden eine Gefahr für die innere Sicherheit des Landes darstellen.[303] Der endgültige Beschluss zur Zwangsverschickung der Wolgadeutschen wurde vom Sowjetregime am 12. August getroffen, bis zum 30. August wurde dieser jedoch geheim gehalten. In diese Zeitspanne fiel die Inszenierung regelrechter Enttarnungskampagnen wolgadeutscher Spione und Diversanten.[304] Dahlmann zufolge bleibt dabei unklar, inwieweit die Truppen des Geheimdienstes tatsächlich provokative Aktionen durchführten, um die sowjetdeutsche Bevölkerung als „Spione" und „Diversanten" zu entlarven.[305]

Am 27. August 1941 erging eine Verordnung über die Verpflichtung von Kolchosbauern anderer Gebiete zu Arbeiten in den Kolchosen der ASSR der Wolgadeutschen.[306] Diese kündigte die Deportation der Wolgadeutschen bereits an. In den darauffolgenden Tagen wurden zunächst ausführliche Instruktionen für die Durchführung der Deportation der Sowjetdeutschen aus der Republik der Wolgadeutschen und den Gebieten Saratov und Stalingrad herausgegeben. Für Pohl steht fest, dass das NKWD die Deportation der Wolgadeutschen „in a military fashion"[307] plante und organisierte. Am 28. August 1941 erging der Erlaß „Über die Umsiedlung der Deutschen, die in den Volga-Rayons leben", welcher erst 2 Tage später der Bevölkerung in der Wolgarepublik bekannt gegeben wurde. Dieser wurden folgende Anschuldigungen gemacht:

---

300 Vgl. Fleischhauer, „Unternehmen Barbarossa", S. 310.

301 Vgl. Buchsweiler, Volksdeutsche in der Ukraine, S. 276.

302 Striegnitz, Sonja/Schippan, Michael, Wolgadeutsche. Geschichte und Gegenwart, Berlin 1992, S. 186.

303 Vgl. Dahlmann, Dittmar, „Operation erfolgreich durchgeführt", S. 211.

304 Vgl. Klötzel, Die Russlanddeutschen zwischen Autonomie und Auswanderung, S. 123. Vgl. Fleischhauer, „Unternehmen Barbarossa", S. 312.

305 Vgl. Dahlmann, „Operation erfolgreich durchgeführt", S. 212. (Gemeint ist der angebliche Abwurf von Flugblättern und der Absprung sowjetischer Fallschirmspringer in deutschen Uniformen über den von Sowjetdeutschen besiedelten Gebieten, die vom NKWD am nächsten Tag gestellt wurden.)

306 Vgl. Eisfeld/Herdt, Deportation, Sondersiedlung, Arbeitsarmee, S. 47.

307 Vgl. Pohl, Ethnic cleansing, S. 42.

> „Entsprechend glaubwürdigen Nachrichten, die die Militärbehörden erhalten haben, befinden sich unter der in den Volga-Rayons lebenden deutschen Bevölkerung Tausende und Zehntausende von Diversanten und Spionen, die nach einem aus Deutschland gegebenen Signal in den von den Wolgadeutschen besiedelten Rayons Sprenganschläge verüben sollen.
>
> Über die Anwesenheit einer so großen Zahl von Diversanten und Spionen unter den Wolgadeutschen hat den Sowjetbehörden keiner der in den Volga-Rayons ansässigen Deutschen gemeldet, folglich verbirgt die deutsche Bevölkerung der Volga-Rayons in ihrer Mitte Feinde des Sowjetvolkes und der Sowjetmacht."[308]

Aus diesem Grund habe das Präsidium des Obersten Sowjets es für notwendig befunden, „die gesamte deutsche Bevölkerung, die in den Volga-Rayons ansässig ist, in andere Rayons umzusiedeln."[309] Die sowjetdeutsche Bevölkerung der Wolgarepublik wurde in diesem Erlass aus der Gesamtheit des „Sowjetvolkes" ausgeklammert.[310] Darauffolgend wird der Vorwurf der Kollaboration mit dem Feind erhoben. Da sie „in ihrer Mitte" Feinde des Sowjetvolkes verbergen würden, machte sie dies zu „Handlanger[n] des faschistischen Imperialismus"[311] und somit zu einem inneren Feind.

Im Erlass fand keine formelle Anklage Einzelner, sondern eine Kollektiv-Anschuldigung und eine damit verbundene, vom Staat sanktionierte „außergerichtliche Bestrafung"[312] statt. Als Angehörige einer Nationalität, die zum zweiten Mal Krieg mit Russland bzw. der UdSSR führte, wurden die Sowjetdeutschen selber zu „Faschisten" und zu „Fritzen".[313] Die Verordnung - formal nur für die Bürger der Wolgarepublik gedacht - „wurde schließlich auch für die Umsiedlung der Sowjetdeutschen aus den anderen Siedlungsgebieten ‚genutzt'."[314]

---

308 Eisfeld/Herdt, Deportation, Sondersiedlung, Arbeitsarmee, S. 54.

309 Ebd., S. 55.

310 Die ethnischen Deutschen wurden ab 1934 nicht mehr zur „großen sowjetischen Völkerfamilie" gezählt, sondern in internen Dokumenten als Ausländer geführt. Vgl. dazu: Bosch, Trauerbuch Odessa, S. 21.

311 Fleischhauer/Pinkus, Die Deutschen in der Sowjetunion, S. 298.

312 Wolter, Die Zone der totalen Ruhe, S. 445.

313 Vgl. Böttger, Christian u.a., Zwischen Sondersiedlung, Assimilation und Rückwanderung (1945 - 1998), in: Kathe, Hans-Joachim u.a. (Hrsg.), Die Deutschen in Russland. Der leidvolle Schicksalsweg einer ethnischen Minderheit, Teil IV, Berlin 2000, S. 7.

314 Schippan, Michael/Striegnitz, Sonja, Wolgadeutsche. Geschichte und Gegenwart, Berlin 1992, S. 187.

Die Anklage der Sowjetdeutschen stellte keinen Einzelfall dar, auch andere Minderheiten wurden der Kollaboration mit den deutschen Besatzungstruppen beschuldigt. Auffällig hierbei ist, dass eine Gemeinsamkeit dieser Volksgruppen „eine Geschichte des Widerstands gegen die russische und sowjetische Herrschaft" und eine offene Ablehnung der Sowjetisierung gewesen sei.[315] Im Gegensatz zu den Sowjetdeutschen wurden sie erst nach einer längeren Dauer des Krieges der Kollaboration mit der Besatzungsmacht bezichtigt.[316] Der prophylaktische Charakter als ein Merkmal stalinistischer Massenanklagen[317] traf dem Anschein nach lediglich auf die sowjetdeutsche Bevölkerung zu.

Pohl ist der Meinung, dass Stalins Furcht vor einer Kollaboration der Sowjetdeutschen mit der Wehrmacht „proved to be baseless", seine Paranoia bezüglich ethnischen Minderheiten jedoch „dictated the fate of the Soviet Germans."[318] Er sieht die Deportation des größten Teils der sowjetdeutschen Bevölkerung als Präventivmaßnahme:

> „In order to prevent the Soviet Germans from assisting Nazi Germany's invasion of the USSR, the Stalin regime forcibly resettled them to Kazakhstan, Central Asia, Siberia, and the Urals."[319]

Ob die Deportationen der Sowjetdeutschen als reine Präventivmaßnahme zu sehen sind, oder ob sie von vornherein einen Teil des stalinistischen Nationalitätenkonzepts bildeten, wird in der Wissenschaft kontrovers diskutiert.

Fleischhauer vertritt die These der Präventivmaßnahme und geht davon aus, dass die Deutschen in der Sowjetunion weniger zum direkten Opfer der unberechenbaren Nationalitätenpolitik Stalins, „als vielmehr zum indirekten Opfer der Ostexpansion des Dritten Reiches"[320] wurden. Dies war auch die sowjetische Sichtweise bis in die 1970er Jahre hinein, nämlich, dass die Schuld für das unermessliche Leid, auch das der Sowjetdeutschen, bei den Nationalsozialisten lag.[321]

Dahlmann sieht dagegen den wichtigsten Grund, der gegen diese These spricht in der ideologische Konzeption des stalinistischen Nationalitäten-

---

315 Vgl. Pohl, Deportierte in der Sowjetunion, S. 459.

316 Vgl. Fleischhauer/Pinkus, Die Deutschen in der Sowjetunion, S. 315. Die Karatschaier und Kalmücken im Jahr 1943, die Tschetschenen, Inguschetier, Balkaren, Krimtataren und Mescheten im Jahr 1944.

317 Vgl. Martin, Terror gegen Nationen in der Sowjetunion, S. 609.

318 Pohl, Otto, Ethnic cleansing, S. 31.

319 Ebd., S. 27.

320 Fleischhauer, „Unternehmen Barbarossa", S. 301.

321 Vgl. Buchsweiler, Volksdeutsche in der Ukraine, S. 281.

konzepts der „fließenden Völker". Diesem Konstrukt zufolge „waren bestimmte Völker im Prozeß der Vereinigung aller Sowjetvölker, d.h. im Verlauf der Zwangsrussifizierung, zur Auflösung verurteilt."[322] Diesen „natürlichen" Prozess versuchte Stalin durch Beseitigung des autonomen Status dieser Völker zu beschleunigen. Dabei lieferte der Krieg den Vorwand dafür, diese Völker mit allen Mitteln dazu zu zwingen, sich dem „objektiven Verlauf der Geschichte" anzupassen. Es könne keine Rede davon sein, dass es sich bei der Deportation der Sowjetdeutschen um eine Präventivmaßnahme handelte, „der Kriegsfall bot nur den Anlaß dazu, ein bereits bestehendes ideologisches Konzept mit aller Brutalität und terroristischen Maßnahmen in die Tat umsetzen zu können."[323] Denn im Krieg werden allgemein Rechtsprinzipien außer Kraft gesetzt, die in Friedenszeiten wenigstens theoretisch garantiert sind:

> „Es ist sicherlich kein Zufall, dass es zu ethnischen Säuberungen im engeren Sinn vor allem im Zusammenhang mit Kriegen kommt, wenn sich den ethnonationalen Ingenieuren die Gelegenheit bietet, ihre Träume von einer ‚reinen', homogenen Ethno-Nation umzusetzen."[324]

Fleischhauer sieht dies zwar ähnlich und ist ebenso der Meinung, dass die sowjetdeutsche Minderheit in der UdSSR ein charakteristisches Beispiel für die stalinistische Nationalitätenpolitik in einer Extremsituation (Kriegsfall) liefere[325] und die Deportationen ein besonders mörderisches Machtinstrument der stalinistischen Politik waren.[326] Desweiteren sind Fleischhauer/Pinkus jedoch der Ansicht, dass es sich beim Vorgehen gegen die Sowjetdeutschen „um eine reine Präventivmaßnahme handelte."[327]

Buchsweiler ist ebenfalls Anhänger der Präventivmaßnahmen-These. Er sieht in den Deportationen „zweifellos eine vorbeugende Maßnahme und keine Strafe für bereits begangene Taten."[328] Die größte Gefahr für den Sowjetstaat erkennt er in dem Umstand, dass die meisten Sowjet-

---

322 Dahlmann, „Operation erfolgreich durchgeführt", S. 216. Vgl. Eisfeld, Die Russlanddeutschen, S. 125.

323 Dahlmann, „Operation erfolgreich durchgeführt", S. 216.

324 Brunnbauer, Ulf u.a. (Hrsg.), Definitionsmacht, Utopie, Vergeltung. „Ethnische Säuberungen" im östlichen Europa des 20. Jahrhunderts, (Geschichte: Forschung und Wissenschaft, Bd. 9), Berlin 2006, S. 18.

325 Vgl. Fleischhauer, „Unternehmen Barbarossa", S. 301.

326 Vgl. Fleischhauer/Pinkus, Die Deutschen in der Sowjetunion, S. 303.

327 Ebd, S. 315f.

328 Buchsweiler, Volksdeutsche in der Ukraine, S. 386.

deutschen im Jahr 1941 keinen Grund gehabt hätten, „dem sowjetischen Regime besondere Sympathien entgegenzubringen."[329]

In sowjetischen Publikationen, wie „Die Sowjetdeutschen" von R. Weber, wird die Angst vor einer Fünften Kolonne betont:

> „Wer konnte schließlich die Garantie dafür übernehmen, daß es den Hitlerleuten nicht gelingen würde, einen Teil der sowjetdeutschen Bevölkerung für ihre Ziele auszunutzen?"[330]

Mukhina sieht „arguments in favor of external pressures and state security concerns as the prime causes of German deportation."[331] Das Sowjetregime wollte ihrer Meinung nach Lehren aus dem Vorgehen der Nationalsozialisten in anderen Ländern ziehen, die Gebietsansprüche damit begründeten, dass deutsche Minderheiten in den jeweiligen Ländern lebten, z.B. Sudetendeutsche in der Tschechoslowakei. Aus diesem Grund seien die Sowjetdeutschen vorsorglich tiefer ins Hinterland deportiert worden.[332]

6.3 Deportation und Arbeitsarmee

Im Hinblick auf die taktischen Überlegungen im Zweiten Weltkrieg kam es in verschiedenen am Krieg teilnehmenden Staaten zu „prophylaktischen Maßnahmen" gegenüber sich befindenden Personen feindstaatlicher Staatszugehörigkeit auf ihrem Territorium. Deutsche und österreichische Staatsbürger wurden in Großbritannien interniert, die USA unternahmen Schritte gegen die in ihren Grenzen lebenden Japaner.[333] In keinem Land kam es jedoch zu solch umfassenden Zwangsverschickungen jener Minderheiten, „deren Loyalität zu ihrem Heimat- oder Gastland in Zweifel gezogen wurde",[334] wie in der UdSSR.

Die Sowjetdeutschen bildeten dabei die bevölkerungsreichste ethnische Minderheit, die den stalinistischen Massendeportationen zum Opfer fiel, und waren zahlenmäßig stärker als die anderen deportierten Völker zusammen.[335]

---

329 Buchsweiler, Volksdeutsche in der Ukraine, S. 391.

330 Zitiert nach: Ebd., S. 387.

331 Mukhina, The Germans of the Soviet Union, S. 34.

332 Vgl. ebd.

333 Vgl. Buchsweiler, Volksdeutsche in der Ukraine, S. 388.

334 Fleischhauer, „Unternehmen Barbarossa", S. 299.

335 Vgl. Eisfeld, Die Russlanddeutschen, S. 125.

Insgesamt wurden zwischen 970.000 und 1.200.000 Sowjetdeutsche aus ihren Heimatorten deportiert.[336] 1943 wurden die Karatschaier (ca. 75.000) und Kalmücken (ca. 134.000), im darauffolgenden Jahr die Tschetschenen (ca. 400.000), die Inguschetier (ca. 92.000), die Balkaren (42.000), die Krimtataren (ca. 200.000) und die Mescheten aus ihren Heimatregionen deportiert.[337] Anders als bei den Sowjetdeutschen handelte es sich bei diesen Deportationen um eine einmalige und spontane Aktion.[338]

Bei den Zwangsverschickungen wurden nicht Individuen zu Feinden erklärt, „sondern als ‚gefährlich eingestufte Teile oder Gruppen der Bevölkerung'."[339] In einem ersten Schritt wurde die sowjetdeutsche Bevölkerung der Wolgarepublik pauschal zu inneren Feinden stigmatisiert, eine individuelle Schuld verlor bei diesem Akt jede Bedeutung. Darauf folgend wurde diese Anschuldigung auch auf Sowjetdeutsche in anderen Regionen der UdSSR ausgedehnt. Das Sowjetregime versuchte möglichst große Teile der sowjetdeutschen Bevölkerung als „potentielle Kollaborateure" zu erfassen und ins Hinterland zu schaffen.[340] Dabei war fast die gesamte sowjetdeutsche Bevölkerung auf dem Territorium der UdSSR von den Deportationen betroffen. Die Ausnahme bildete jener Teil, der in dem ukrainischen und bessarabischen Gebiet lebte und von der deutschen Armee erobert wurde, „bevor die Deportationswelle ihn erfasste."[341]

Die Deportationen wurden von der Sowjetregierung als „staatsrettende Zwangsmaßnahme"[342] angesehen. Der Sowjetstaat versuchte dabei sämtliche Spuren der Sowjetdeutschen zu beseitigen. Die Wolgarepublik verschwand mit ihrer faktischen Auflösung am 7. September 1941 von der Landkarte, ihr Gebiet wurde unter den benachbarten Bezirken Saratov und Stalingrad aufgeteilt. Dieser Akt wurde erst 1947 durch eine Verfas-

---

336 Vgl. Fleischhauer/Pinkus, Die Deutschen in der Sowjetunion, S. 315. Vgl. Dahlmann, Dittmar, Deportationen der deutschen Bevölkerungsgruppe in Russland und in der Sowjetunion 1915 und 1941. Ein Vergleich, in: Gestrich, Andreas u.a. (Hrsg.), Ausweisung und Deportation: Formen der Zwangsmigration in der Geschichte (Stuttgarter Beiträge zur historischen Migrationforschung, Bd. 2), Stuttgart 1995, S. 103 – 113, S. 109.

337 Vgl. Fleischhauer/Pinkus, Die Deutschen in der Sowjetunion, S. 315.

338 Vgl. Pinkus, Die Deportation der deutschen Minderheit, S. 473.

339 Dahlmann, „Operation erfolgreich durchgeführt", S. 202.

340 Vgl. Klötzel, Die Rußlanddeutschen zwischen Autonomie und Auswanderung, S. 133.

341 Dahlmann, „Operation erfolgreich durchgeführt", S. 214.

342 Richter-Eberl, Gekämpft, gehofft und doch verloren?, S. 141.

sungsänderung festgeschrieben.[343] Deutsche Namen für Städte, Dörfer, Straßen und Gebäude wurden aus dem Sprachgebrauch entfernt. Diese administrativen Maßnahmen waren nur der Anfang, denn der „Eliminierung der Spuren der historischen, politischen und kulturellen Präsenz“[344] der Sowjetdeutschen folgte deren „massive physische Vernichtung.“[345]

Die Geschwindigkeit des deutschen Vordringens bestimmte den Prozentsatz der sowjetdeutschen Bevölkerung, der in seinen Heimatorten blieb bzw. den Anteil derer, den die Sowjets noch zu verschleppen vermochte.[346] In Zonen des unerwartet schnellen Vordringens der feindlichen deutschen Truppen kam es nur zu partiellen Zwangsverschickungen der männlichen Bevölkerung. Die Deportationen waren in weiter östlich gelegenen Gebieten „in zunehmendem Maße vollständig.“[347] „Transnistrien“ - zwischen Dnestr und Bug gelegen - war das einzige Gebiet in der Ukraine, in dem sogar die männliche Bevölkerung nicht verschickt wurde. Hier kamen 128.000 Sowjetdeutsche unter deutsche bzw. rumänische Verwaltung.[348] Insgesamt wurden 80 Prozent der Sowjetdeutschen in der Ukraine unter reichsdeutsche Herrschaft erfasst.[349]

Die Deportationen der sowjetdeutschen Bevölkerung wurden vom NKWD und Truppen der Roten Armee „mit großer Präzision durchgeführt.“ Nur das schnelle Vordringen der deutschen Truppen verhinderte, dass es auch in der Ukraine zu einer „Totalaussiedlung“ der sowjetdeutschen Bevölkerung kam, wie dies östlich des Dnepr geschah.[350]

In der Weltpresse wurden die Deportationen teilweise als „drakonische Maßnahme“ (Neue Zürcher Zeitung vom 29.9.1941) gegen ein „harmloses Völkchen“ (National-Zeitung in Basel vom 15.9.1941) angesehen.[351]

Die deutschen Tageszeitungen in den besetzten bzw. annektierten Gebieten setzten sich mit diesem Thema ebenfalls auseinander. Die Pariser Zeitung, als Teil der Auslandspressepolitik der Nationalsozialisten, hob die Schwarzmeerdeutschen in dem Artikel „Schicksalsstunden am

---

343 Vgl. Eisfeld, Die Russlanddeutschen, S. 140.

344 Fleischhauer/Pinkus, Die Deutschen in der Sowjetunion, S. 337.

345 Richter-Eberl, Gekämpft, gehofft und doch verloren?, S. 140.

346 Vgl. Buchsweiler, Volksdeutsche in der Ukraine, S. 287. Vgl. Eisfeld, Die Russlanddeutschen, S. 118.

347 Fleischhauer, „Unternehmen Barbarossa“, S. 304.

348 Vgl. ebd.

349 Vgl. Richter-Eberl, Gekämpft, gehofft und doch verloren?, S. 132.

350 Vgl. Fleischhauer, „Unternehmen Barbarossa“, S. 307.

351 Zitiert nach: Ebd., S. 314.

Schwarzen Meer" vom 21. September 1941 als Märtyrer, die nun nicht mehr zu leiden hätten, hervor.[352] Die Deutsche Zeitung in den Niederlanden titelte am 13. Juli 1941: „Volksdeutsche in den Folterkammern der GPU. Beispiele des bestialischen Terrors gegen Umsiedler aus dem Material der volksdeutschen Mittelstelle."[353] In anderen Ländern wurde dagegen ein gewisses Verständnis für die Maßnahmen der Sowjetregierung deutlich. Die Sowjets mussten aufgrund kriegstaktischer Überlegungen mit aller Macht versuchen die Dnepr-Linie zu halten und den Zugang zum Donec-Becken vor dem deutschen Zugriff zu sichern. Dieses Gebiet bildete eine große Versorgungsbasis für die Kriegs- und Rüstungsindustrie und war ein lebenswichtiges Industrie- und Energiezentrum.[354]

Aus wirtschaftlicher und kriegstechnischer Erwägung vollzogen sich die Deportationen der sowjetdeutschen Bevölkerung in mehreren Stufen. Zunächst fand die Sicherung oder aber Unbrauchbarmachung des landwirtschaftlichen und industriellen Inventars in den Zonen des vermuteten deutschen Vormarsches durch die später Deportierten statt. Daraufhin fand die Aussiedlung der Männer im Alter von 16 bis 60 Jahren zusammen mit landwirtschaftlichen Geräten statt. Die sowjetdeutschen Mädchen und Frauen wurden weiterhin bei der Einbringung der Ernte oder aber beim Anlegen von Verteidigungssystemen, wie Wällen, Panzer- und Schützengräben, eingesetzt[355] und als letzte zwangsverschickt.

Ein Plan legte dabei fest, wie viele Deportierte für eine bestimmte Region vorgesehen waren:

> „Die Verteilung und Unterbringung der Deportierten in den Gebieten und Regionen Sibiriens, Kazachstans und Mittelasiens wurde zentral geplant, wobei den Wünschen der Gebietsverwaltungen nach Deckung des Arbeitskräftebedarfs Rechnung getragen wurde."[356]

Wenige Monate nach der Deportation kam es im Januar 1942 zur Einziehung der ausgesiedelten Sowjetdeutschen in Arbeitskolonnen. Die Arbeitsarmee (russisch trudarmija) verteilte sich über eine Vielzahl von abgeschlossenen Lagern und stand unter militärischem Regime. Diese Maßnahme der Sowjetregierung führte Mukhina zufolge zu einer erneuten Deportationswelle:

---

352 Vgl. Richter-Eberl, Ethnisch oder National?, S. 79.

353 Ebd.

354 Vgl. Fleischhauer, „Unternehmen Barbarossa", S. 314.

355 Vgl. ebd., S. 305.

356 Eisfeld/Herdt, Deportation, Sondersiedlung, Arbeitsarmee, S. 16.

„In fact, the labor mobilization of spezial settlers led to a massive second wave of deportations of the Germans from Siberia to the Far North in 1942 an shortly thereafter."[357]

Die Mobilisierung der Zwangsverschickten für die Arbeitskolonnen erfolgte nach dem „Beschluß des Staatlichen Verteidigungskomitees der UdSSR über die Richtlinien für den Einsatz der deutschen Umsiedler im wehrpflichtigen Alter von 17 bis 50 Jahren" vom 10. Januar 1942:

„Das NKVD der UdSSR und das NKPS der UdSSR [Volkskommissariat für Verkehr/ d. Verf.] werden verpflichtet, in den Arbeitskolonnen und Arbeitstrupps der mobilisierten Deutschen eine strenge Ordnung und Disziplin herzustellen sowie hohe Arbeitsproduktivität und die Erfüllung der Produktionsnormen zu gewährleisten."[358]

Am 7. Oktober 1942 wurde der Einzug zur Arbeitsarmee auf die Altersklassen der 15 bis 16- und 51 bis 55-jährigen ausgedehnt, zugleich erfolgte die Mobilisierung der Frauen im Alter von 16 bis 45 Jahren.[359] Die Zahl der Sowjetdeutschen in der Arbeitsarmee belief sich auf etwa 100.000.[360] Die Verwendung der Arbeitsarmisten in der Volkswirtschaft der UdSSR „zum Zweck des rationellen Einsatzes"[361] erfolgte stets nach Bedarf. Sie wurden damit dem NKWD „zur freien Verfügung übergeben" und als „kostenlose Arbeitskräfte" beim Aufbau von Kombinaten und der Erschließung von Industriegebieten eingesetzt.[362] Die Dabei bestimmten genaue Vorgaben deren Einsatz im Berg-, Straßen- und Bahnbau sowie in der Forst- und Landwirtschaft. Die Gebietsleiter der jeweiligen Industriegebiete hatten jedoch auch die Möglichkeit weitere Arbeitskolonnen anzufordern. Dies belegt ein Antrag des Novosibirsker Exekutivkomitees auf zusätzliche Einweisung von „Umsiedlern" in das Gebiet Novosibirsk vom 3. Oktober 1941:

„Durch die eingetroffenen Umsiedler aus der Republik der Wolgadeutschen ist der akute Bedarf [...] an Arbeitskräften nicht gedeckt. Zu ihrer Versorgung mit Arbeitskräften ersucht das Gebietsexekutivkommitee um zusätzliche Einweisung von 12 Zügen

357 Mukhina, The Germans of the Soviet Union, S. 47.

358 Eisfeld/Herdt, Deportation, Sondersiedlung, Arbeitsarmee, Dok.147, S. 151.

359 Vgl. ebd., Dok.184, S. 182.

360 Vgl. Fleischhauer/Pinkus, Die Deutschen in der Sowjetunion, S. 331. Vgl. Eisfeld, Die Russlanddeutschen, S. 125. Vgl. Böttger, Zwischen Sondersiedlung, Assimilation und Rückwanderung (1945 - 1998), S. 8. Böttger spricht von ca. 280.000 Sowjetdeutschen Arbeitsarmisten im August 1946.

361 Eisfeld/Herdt, Deportation, Sondersiedlung, Arbeitsarmee, Dok.147, S. 151.

362 Vgl. Wolter, Die Zone der totalen Ruhe, S. 61.

> mit insgesamt 26 Tausend Umsiedlern aus der Republik der Wolgadeutschen in unser Gebiet. Darüber hinaus bitten wir um ebenso viele weitere Züge mit 25 Tausend Personen für den Einsatz beim Holzschlag sowie für den Kuzbass-Sachtstroj."[363]

Die Arbeitslager waren für diese Anzahl an Menschen nicht vorgesehen. Eine „Extrameldung der UNKVD der Region Altaj über Mängel und negative Stimmung unter dem Mannschaftsbestand der Baubataillone in der Region Altaj" vom 10. Januar 1942 dokumentierte die unmenschlichen Bedingungen des Lageralltags der Arbeitsarmisten:

> „Der Mannschaftsbestand der Bataillone [...] ist in Räumen untergebracht, die für Wohnzwecke ungeeignet sind, ohne die nötigste kommunale Versorgung, einschließlich Wasser und Strom. Die Baubataillone Nr. 860 und 1639 mit insgesamt 2.004 Pers. sind im Gebäude einer ehemaligen Autogarage untergebracht, in der unter normalen Verhältnissen bis 1.000 Pers. einquartiert werden können. Die Bataillone Nrn. 46, 1545, 1546, 1547 und 1636 sind in Baracken untergebracht [...] in denen die elementarsten Bedingungen für normales Wohnen fehlen."[364]

Die Mobilisierung der Sowjetdeutschen in die Arbeitsarmee erfolgte zum Zweck des wirtschaftlichen Aufbaus der sowjetischen Betriebe.

Pohl stellt hierbei einen Zusammenhang zwischen kriegstaktischen und wirtschaftlichen Überlegungen fest:

> „In addition to securing the borders of the USSR, the deportations also provided the Soviet government with a source of labor to develop the infrastructure, mining, agriculture, and industry of Siberia, Kazakhstan, and Central Asia. The economy of these sparsely populated areas of the Soviet Union benefited considerably from the arrival of large numbers of exiles."[365]

Auf diese Weise wurde in den vielen Lagerzentren mit ihren Schmelzhütten, Hochöfen, Kokereien usw. die „sozialistische Industrialisierung" vorangetrieben und das Hinterland für den Krieg mit billigen Arbeitskräften versorgt. Vor diesem Hintergrund erscheint diese erzwungene Bevölkerungsverschiebung als mögliche Antwort auf ökonomische Probleme bei gleichzeitiger Beseitigung unliebsamer Minderheiten.[366] Dabei

---

363 Eisfeld/Herdt, Deportation, Sondersiedlung, Arbeitsarmee, Dok.82, S. 98f.

364 Ebd., Dok.146, S. 148 - 150, S. 148f.

365 Pohl, Ethnic cleansing, S. 138.

366 Vgl. Brunnbauer, Definitionsmacht, Utopie, Vergeltung, S. 17.

wurden diese in Regionen verschickt, die die Sowjetmacht „Ende der 1930er Jahre erfolglos zu besiedeln versuchte."[367]

Seit den 1920er Jahren gab es nicht nur in der UdSSR eine Überbevölkerungsdiskussion. Auch in anderen Ländern gab es eine Debatte, „um die nach volkswirtschaftlichen Gesichtspunkten ‚richtige' Bevölkerungszahl."[368] Die „marxistischen Agrartheoretiker"[369] in der Sowjetunion sahen die „agrarische Überbevölkerung" als Entwicklungshindernis an.[370] Das starke demographische Wachstum der Bauern führte nach deren Überlegungen zu sozialen, politischen und wirtschaftlichen Problemen im Land. Aus diesem Grund setzte in der UdSSR eine intensive politische und wissenschaftliche Kontroverse zu diesem Thema ein.[371] Institutionen wie das staatliche Planungssystem Gosplan oder das „Flurbereinigungs- und Umsiedlungsinstitut" Goskolonit beschäftigten sich mit der Lösung dieser „Bevölkerungsfrage". Versuche, diese auf dem Weg freiwilliger Migration zu lösen, wie sie die zaristische Regierung bereits seit Ende des 19. Jahrhunderts gefördert hatte, scheiterten Ende der 1920er Jahre am Vorabend der „Entkulakisierung".[372] Heim sieht in der anschließenden Politik der Zwangskollektivierung, den Massendeportationen der „Kulaken" in den 1930er Jahren und der Großen Hungersnot in der Ukraine 1932/33 u.a. den Versuch des Sowjetregimes, die seiner Meinung „überzähligen" Bevölkerungsteile zu dezimieren.[373] Die Zwangsmigration, genauer gesagt die Verschleppung weiter Bevölkerungsteile in die als „untervölkert" angesehenen bodenreichen Gebiete im Osten der Sowjetunion, wurde für eine wichtige Maßnahme zur Beseitigung der Agrarüberbevölkerung gehalten. Das Ziel war die „Überbevölkerung der westlichen Gebiete der UdSSR zu vermindern"[374] und

---

367 Eisfeld, Die Russlanddeutschen, S. 125.

368 Heim, Susanne, Bevölkerungsökonomie, Deportation und Vernichtung, in: Dahlmann, Dittmar/Hirschfeld, Gerhard (Hrsg.), Lager, Zwangsarbeit, Vertreibung und Deportation: Dimensionen der Massenverbrechen in der Sowjetunion und in Deutschland 1933 - 1945, Essen 1999, S. 501 - 513, S. 501.

369 Ebd., S. 504.

370 Als am stärksten überbevölkert wurden die verarmten Ackerbauzentren in der Ukraine angesehen: Das zentrale Schwarzmeergebiet, Dagestan (am Kaspischen Meer, östlich von Georgien), Baschkirien (südliches Uralgebirge), der östliche Mittelwolgarayon, WeißRussland und das Samara-Orenburg-Gebiet nördlich von Kasachstan. Vgl. Heim, Bevölkerungsökonomie, S. 504.

371 Vgl. Heim, Bevölkerungsökonomie, S. 502.

372 Vgl. ebd., S. 508.

373 Vgl. ebd., S. 501.

374 Bugaj, Nikolaj, Die Deportationen der Völker aus der Ukraine, Weißrußland und Moldavien, S. 569.

gleichzeitig die ökonomische Basis des Landes im Osten zu erweitern. Heim bezeichnet diese Art von Bevölkerungspolitik als „Menschenökonomie".[375] Die Überlegungen der sowjetischen Agrartheoretiker lauteten dazu wie folgt:

> „Die ‚Überzähligen' aus dem Westen der Sowjetunion könnten in den dünn besiedelten östlichen Regionen zum Aufbau der Industrie und zur Erschließung der nationalen Ressourcen eingesetzt werden."[376]

In diesem Zusammenhang sei die Verschleppung von Menschen, so „dass aus ihnen größtmöglicher Nutzen gewonnen werden konnte", als ein „legitimes Mittel der Bevölkerungspolitik" in der Stalin-Ära betrachtet worden:

> „Die Frage nach dem bevölkerungspolitischen Kalkül, das in den Analysen sowjetischer Ökonomen nicht übersehen werden kann, ist bislang kaum gestellt."[377]

Bugaj hebt ebenfalls die ideologischen, wirtschaftlichen und demographischen Faktoren der Deportationen hervor. Die Zwangsverschickungen „unzuverlässiger Elemente" und potentieller Feinde des Sozialismus ins Hinterland der Sowjetunion seien gleichzeitig die Lösung des Problems der Arbeitskräfte in den entfernten dünn besiedelten Gebieten Sibiriens und Kasachstans gewesen.[378]

Die Arbeitsmobilisierten wurden noch bis 1947/48 eingesetzt und waren auf diese Weise in die allgemeine sowjetische Wirtschaftsstrategie der Kriegs- und ersten Nachkriegsjahren eingebunden.[379] Dies unterstreicht deren Bedeutung als Wirtschaftsfaktor in den weit entlegenen Gebieten Sibiriens und legitimiert die Frage nach möglichen ökonomischen Gründen für ihre Deportation.[380]

---

375 Ebd., S. 501.

376 Zitiert nach: Heim, Bevölkerungsökonomie, S. 507.

377 Ebd., S. 513.

378 Vgl. Bugaj, Die Deportationen der Völker aus der Ukraine, Weißrußland und Moldavien, S. 568.

379 Vgl. Böttger, Zwischen Sondersiedlung, Assimilation und Rückwanderung, S. 7.

380 Vgl. Mukhina, The Germans of the Soviet Union, S. 32.

7 Schlussbetrachtung

Nach ihrer Machtetablierung mit Hilfe der Betonung des nationalen Selbstbestimmungsrechts und einer der Form nach liberalen Nationalitätenpolitik befanden sich die Bolschewiki „in der Situation des Zauberlehrlings, der durch die von ihm selbst herbeigerufenen Mächte verschlungen zu werden droht."[381] Um die Macht in den eigenen Händen zu behalten, wurde von Stalin in der Folge die Zentralisierung des Vielvölkerstaats Sowjetunion immer weiter vorangetrieben und der anfänglich angepriesene Sowjetföderalismus verkam immer mehr zum Scheinföderalismus.[382] Der scharfe „Wandel zu einer repressiven Nationalitätenpolitik"[383] Ende der 1920er Jahre ging einher mit Zwangskollektivierung, Entkulakisierung und forcierter Industrialisierung. Der Kampf gegen die kulturelle Autonomie hatte die endgültige Beseitigung nationaler Selbstbestimmung der verschiedenen ethnischen Minderheiten des sowjetischen Staates zum Ziel. Nach den Worten von Halbach schlug die stalinistische Nationalitätenpolitik in den 1930er Jahren den „Weg der brutalen Assimilation"[384] ein und spätestens seit 1936/37 sei die Wende von einer Politik der Nationsbildung zur „konsequenten Unterdrückung nationaler Regungen" [385] vollzogen gewesen. Die Verfolgung aus sozialen Gründen ging nahtlos über in Verfolgungen aus ethnischen Gründen und der russische Chauvinismus trat vor dem Hintergrund von Stalins Konstrukt der „Hierarchie der Völker" offen zutage.

Bis Mitte der 1930er Jahre war die sowjetische Innenpolitik demnach nicht spezifisch antideutsch, sondern generell antinational.[386] Dennoch wurde die sowjetdeutsche Bevölkerung von den Maßnahmen der sowjetischen Regierung besonders hart getroffen, da bei ihr mehrere Faktoren zusammentrafen, gegen die das sowjetische Regime verstärkt vorging. Im Verhältnis zu ihrem Bevölkerungsanteil besaßen die Sowjetdeutschen vor der Zwangskollektivierung einen überproportional hohen Anteil am Landbesitz, dies war besonders in der Ukraine der Fall. Aus diesem

---

381 Simon, Gerhard, Die nichtrussischen Völker in Gesellschaft und Innenpolitik der UdSSR, in: Osteuropa, 6.1979, S. 447 - 467, S. 447.

382 Vgl. Klötzel, Die Russlanddeutschen zwischen Autonomie und Auswanderung, S. 85f.

383 Dahlmann, „Operation erfolgreich durchgeführt", S. 204.

384 Zitiert nach: Klötzel, Die Rußlanddeutschen zwischen Autonomie und Auswanderung, S. 101.

385 Halbach, Das sowjetische Vielvölkerimperium, S. 40.

386 Vgl. Buchsweiler, Volksdeutsche in der Ukraine, S. 267.

Grund konnte die Sowjetregierung „kaum jemand anderem [Land] abnehmen, als eben den Deutschen."[387] Neben der Tatsache, dass sie eine nationale Minderheit bildeten, war auch ihre Religiosität ein Merkmal, das die sowjetische Regierung zu bekämpfen versuchte.

Wie die Arbeit zeigt, gab es bereits vor der Machtergreifung Hitlers eine Radikalisierung der sowjetischen Innenpolitik. Mit dem Wiedererstarken der deutschen politischen und militärischen Macht unter Hitler ab 1933 trat ein zusätzlicher Reibungspunkt mit der sowjetischen Herrschaft hinzu, denn diese machte die „ethnic Germans especially suspect in the eyes of Stalin."[388] Das antikommunistische Regime des Deutschen Reiches wurde zur zusätzlichen außenpolitischen Hypothek für die Sowjetdeutschen. Ihr Schicksal sollte von nun an in das problematische Netz der sowjetisch-deutschen Beziehungen eingespannt bleiben.[389]

Das Dilemma der Sowjetdeutschen offenbarte sich in der großen Hungersnot von 1933/34. Die nationalsozialistischen Machthaber versuchten das Schicksal ihrer deutschen Volksgruppe in der UdSSR für eigene Zwecke zu instrumentalisieren und die Not propagandatauglich auszuschlachten. Im Deutschen Reich erschienen Artikel wie „Ausrottung einer halben Million Auslandsdeutscher" oder „Deutscher Hilferuf aus SowjetRussland."[390] Die ums bloße Überleben kämpfende sowjetdeutsche Bevölkerung geriet auf diese Weise in eine ideologische Auseinandersetzung, aus der sie als Verlierer hervorgehen musste. Diejenigen, die die vom Deutschen Reich angebotene „Hitler-Hilfe" ablehnten, mussten das Risiko eines Hungertodes eingehen. Der Teil, der die Hilfspakete aus dem nationalsozialistischen Deutschland annahm, wurde später vom Sowjetregime als Vaterlandsverräter bestraft. Aufgrund der fragwürdigen „Verbrüderung" infolge des Hitler-Stalin-Paktes waren die Sowjets bemüht ihren neuen Bündnispartner „nicht durch eine zu offensichtliche Unterdrückung und Verfolgung der Rußlanddeutschen zu brüskieren."[391] Die Repressionsmaßnahmen wurden in der Praxis lediglich verfeinert und die Verbannung Sowjetdeutscher aus den Grenzgebieten ging unvermindert weiter. Außer der Wiederaufnahme des Briefkontaktes mit Angehörigen im Deutschen Reich hatte die sowjet-

387 Buchsweiler, Volksdeutsche in der Ukraine, S. 132.

388 Pohl, Ethnic cleansing, S. 31.

389 Vgl. Pinkus, Die Deportation der deutschen Minderheit in der Sowjetunion, S. 464.

390 Buchsweiler, Volksdeutsche in der Ukraine, S. 231.

391 Stricker, Gerd, Die Kirchen der Rußlanddeutschen und ihre Position gegenüber dem Dritten Reich, in: Maser, Peter (Hrsg.), Der Kirchenkampf im deutschen Osten und in den deutschsprachigen Kirchen Osteuropas, S. 185f.

deutsche Bevölkerung keine spürbaren Vorteile durch diesen Pakt zu erwarten. In den Briefen aus dieser Zeit wird ihr Schwanken zwischen Hoffen und Misstrauen belegt.

Die Erwartung der Sowjetdeutschen richtete sich zum größten Teil auf die an den Pakt gebundenen Umsiedlungsverträge, denn „sofern überhaupt noch vorhanden, war ihr Hoffen allein darauf gerichtet, das Sowjetsystem zu verlassen."[392] Doch auch diese Hoffnung verkehrte sich für viele Sowjetdeutsche, ähnlich wie die „Hitler-Hilfe", ins Negative. Die Ausreisewilligen wurden vom NKWD erfasst und als Vaterlandsverräter gebrandmarkt.

Wie der Untersuchung zu entnehmen ist, hatte der Pakt diese Erwartungen zwar ausgelöst, das Dritte Reich unternahm jedoch keiner weiterführenden Schritte bezüglich einer Umsiedlung der gesamten sowjetdeutschen Bevölkerungsgruppe aus der UdSSR. Darüber hinaus kann aus den Äußerungen verschiedener NS-Stellen nicht geschlossen werden, inwiefern es konkrete Überlegungen gegeben hat, Kontakte zu den Sowjetdeutschen aufzubauen, um auf sie gegebenenfalls „zurückzugreifen", diese „sozusagen als Fünfte Kolonne zum Einsatz bringen zu können."[393]

In einem Schreiben der Forschungsstelle Russlanddeutschtum im Dezember 1939 ist lediglich von der „Bereithaltung der Russlanddeutschen [gemeint sind die nationalsozialistischen Amtsträger deutschrussischer Herkunft/ d. Verf.] für ihren in Zukunft etwa möglichen Einsatz in Rußland" die Rede.[394] Daraus kann jedoch nicht geschlossen werden, welcher Art dieser Einsatz sein sollte. Entweder herrschte darüber dem Anschein nach Uneinigkeit bei den zuständigen Stellen untereinander oder aber es gab kein klares Bild der Aufgaben.[395] Wenn es im Bezug auf so eine relativ kleine Gruppe keine präzisen Vorstellungen gab, wie sollten diese für die sowjetdeutsche Bevölkerung in der UdSSR ausgesehen haben? Der dürftige und unbefriedigende Wissensstand im Bezug auf die Sowjetdeutschen bildete ein weiteres Problem, die reichsdeutschen Stellen waren auf Mutmaßungen angewiesen.

Im Weiteren hat die Analyse ergeben, dass es nicht „die" Nationalsozialisten als homogene Gruppe mit präzisen Vorstellungen bezüglich der Sowjetdeutschen gab. Von Anfang an lagen unkoordinierte Ansätze

---

392 Fleischhauer/Pinkus, Die Deutschen in der Sowjetunion, S. 201.

393 Walth, Strandgut der Weltgeschichte, S. 50.

394 Zitiert nach: Fleischhauer/Pinkus, Die Deutschen in der Sowjetunion, S. 222.

395 Vgl. Buchsweiler, Volksdeutsche in der Ukraine, S. 80.

im Hinblick auf den „Einsatz" der sowjetdeutschen Volksgruppe vor.[396] Zwischen Amtsträgern deutschbaltischer oder deutschrussischer Abstammung wie Rosenberg und Leibbrandt kam es immer wieder zu Spannungen mit den gebürtigen Reichsdeutschen wie Himmler und Lorenz. Während für diese die Sowjetdeutschen als Träger der Ostexpansion „in erster Linie ein Objekt für machtpolitisch motivierte Siedlungsfragen" [397] bildeten, besaß Rosenberg eine Wunschvorstellung von einer Stellvertreterfunktion der Sowjetdeutschen. Sie sollten eine Art Brückenfunktion zwischen der deutschen Verwaltung in den besetzten Gebieten und den um sie lebenden Völkern einnehmen.[398]

Dies verstärkt die Vermutung, dass es bei der Frage zum möglichen Einsatz der Sowjetdeutschen als Gruppe „keine eindeutigen Richtlinien gab oder daß es [...] zumindest nicht gelungen ist, sie zu entdecken."[399]

Auch während der Besatzungszeit wurde dieser Punkt nicht geklärt, im Gegenteil, es setzte ein „Kampf der Dienststellen darüber ein, wer denn diese ‚wertvollen' Sowjetdeutschen betreuen dürfe."[400] Dieser Kampf um die Zuständigkeit für die Sowjetdeutschen „dauerte während des gesamten Krieges an und hörte auch nach dem Abzug der deutschen Truppen aus Rußland nicht auf."[401] Der Vorschlag des RMO für eine Aussprache der konkurrierenden Dienststellen „im Interesse der Betreuung der Volksdeutschen", welcher während der Aussiedlung der Sowjetdeutschen aus dem Reichskommissariat Ukraine vom Oktober 1943 bis Mai 1944 gemacht wurde, belegt die Rivalitäten:

> „Vielleicht werde es gelingen, im fünften Kriegsjahr endlich zu erreichen, die beteiligten Stellen in ihren Interessen auszugleichen und die sachliche Arbeit voranzubringen."[402]

Während der gesamten Zeit des Krieges gelang es den zuständigen Stellen nicht, ein verbindliches Konzept bezüglich der sowjetdeutschen Bevölkerung zu erstellen. Auch auf der Flucht blieb diese ein Spielball von momentanen Einfällen der Siedlungsexperten der SS und des Stabshauptamtes des Reichskommissars für die Festigung des deutschen Volkstums (RKF) und wurde zum Opfer letzter Kompetenzkämpfe zwi-

---

396 Vgl. Richter-Eberl, Gekämpft, gehofft und doch verloren?, S. 136.

397 Klötzel, Die Rußlanddeutschen, S. 111.

398 Vgl. Fleischhauer, Das Dritte Reich und die Deutschen in der Sowjetunion, S. 162.

399 Buchsweiler, Volksdeutsche in der Ukraine, S. 82.

400 Pohl, Dieter, Die Herrschaft der Wehrmacht, S. 146.

401 Buchsweiler, Volksdeutsche in der Ukraine, S. 323.

402 Fleischhauer, Das Dritte Reich, S. 213.

schen den Ämtern der Zivilverwaltung. Da deren Zuständigkeiten durch SS- und RKF-Organe „durchgängig überwacht, verdoppelt und unterlaufen wurde", herrschte im „Führerkorps der Zivilverwaltung [...] die vollendete autoritäre Anarchie."[403]

Verschiedene Gauleiter forderten die Flüchtlinge als billige Arbeitskräfte für ihren Zuständigkeitsbereich an. Dort wurden sie in Großbetrieben und als Landarbeiter eingesetzt. Viele Flüchtlinge hatten dabei den Eindruck Arbeitssklaven zu sein.[404] In dieser Hinsicht teilten sie das Schicksal ihrer in der UdSSR deportierten Landsleute. Sowohl in der Sowjetunion als auch im Deutschen Reich nahmen die Deportierten bzw. die Flüchtlinge die Rolle einer bloßen Verschiebemasse ein, die den „Wünschen der Gebietsverwaltungen nach Deckung des Arbeitskräftebedarfs Rechnung"[405] tragen sollte. In beiden Machtbereichen blieben die Sowjetdeutschen ein „Werkzeug diktatorischer Politik."[406]

Der Kenntnisstand und die Erwartungen bezüglich der jeweils anderen Seite wichen sowohl bei den Nationalsozialisten, als auch bei den Sowjetdeutschen „sehr stark von den vorgefundenen Tatbeständen ab."[407] Karl Götz stellte 1941 in seinem Aufsatz „Die Volksdeutschen im altrussischen Teil des Schwarzmeergebietes" fest, dass bei den sowjetdeutschen Bauern in SüdRussland völlige Unkenntnis über die Verhältnisse in Deutschland herrschte.[408] Die Unwissenheit über das Besatzungsregime mündete in ideologischen Gegensätzen, die zum „Auseinanderdriften" von Sowjetdeutschen und der Militärverwaltung führten.[409] Die sowjetdeutsche Bevölkerung zeigte kein Verständnis für die Handlungen der SS. Ein damaliger junger Offizier der deutschen Wehrmacht in der Gegend um Odessa beschrieb diesen Umstand wie folgt:

> „Allerdings war der Kenntnisstand über uns und die Erwartungen dieser deutsch gebliebenen Bevölkerungsgruppe an uns auch weit von der Wirklichkeit entfernt. Nicht verstehen konnte man die Handlungen der SS, ja man verglich diese ganz offen und oh-

---

403 Fleischhauer/Pinkus, Die Deutschen in der Sowjetunion, S. 260. Der Begriff von der „autoritären Anarchie" wurde von Alexander Dallin geprägt.

404 Vgl. Fleischhauer, Das Dritte Reich und die Deutschen in der Sowjetunion, S. 231.

405 Eisfeld/Herdt, Deportation, Sondersiedlung, Arbeitsarmee, S. 16.

406 Richter-Eberl, Gekämpft, gehofft und doch verloren?, S. 133.

407 Walth, Strandgut der Weltgeschichte, S. 249.

408 Nach: Buchsweiler, Volksdeutsche in der Ukraine, S. 354.

409 Vgl. Walth, Strandgut der Weltgeschichte, S. 55.

ne jede Scheu vor gegebenenfalls zu erwartenden Nachteilen mit kommunistischen Methoden und lehnte sie strikt ab."[410]

Die Ähnlichkeit mit kommunistischen Methoden in der Landwirtschaft und auf dem religiösen Sektor beschleunigte die Entfremdung zwischen den Sowjetdeutschen und den SS-Einsatzkommandos. Die deutsche Besatzungsmacht hat die Erwartungen der von ihr „befreiten" sowjetdeutschen Bevölkerungsgruppe letztlich nicht erfüllt, so dass bei dieser die Hoffnung der Enttäuschung wich.

Mit der zunehmenden außenpolitischen Frontstellung im Verhältnis Berlin-Moskau nahm das psychologische Gewicht der Angst der Sowjetregierung, die „nationalsozialistischen Ausdehnungstendenzen"[411] könnten sich auf die deutsche Minderheit in der UdSSR stützen und diese somit die Rolle eines trojanischen Pferdes einnehmen, immer weiter zu. Aufgrund der „Spionomanie" der Sowjetregierung kam es bereits ab Ende 1935 zu ersten Deportationen aus sowjetdeutschen Rayonen. Auch andere Minderheiten fielen der „sowjetische[n] Xenophobie"[412] zum Opfer. Diese Deportationen waren Vorboten der Geschehnisse ab 1941.

Nach 1941 führte die Psychose der Sowjetregierung über eventuelle Aktionen einer Fünften Kolonne zu dem Kollaborationsvorwurf gegen die sowjetdeutsche Bevölkerung, was einem „Misstrauensvotum gegen ein ganzes Volk"[413] gleichkam. Die äußere Bedrohung durch das Deutsche Reich hatte zur Folge, dass auf die Sowjetdeutschen „die politische Funktion eines inneren Feindes"[414] übertragen wurde.

Die Ausnahmesituation des Krieges lieferte nun ein Extrembeispiel für die Verknüpfung des Schicksals der sowjetdeutschen Bevölkerung mit der Qualität des bilateralen Verhältnisses zwischen dem Deutschen Reich und der UdSSR.[415] Das Vaterland der deutschen Kolonisten wurde zu einem Feindstaat und die sowjetische Politik gegenüber den Sowjetdeutschen erhielt eine dramatische Zuspitzung.[416] Der deutsche Überfall schuf die Voraussetzung für den offenen Angriff auf die sowjetdeutsche

---

410 Walth, Strandgut der Weltgeschichte, S. 251.

411 Buchsweiler, Volksdeutsche in der Ukraine, S. 42.

412 Martin, Terror gegen Nationen in der Sowjetunion, S. 611.

413 Striegnitz, Sonja/Schippan, Michael, Wolgadeutsche. Geschichte und Gegenwart, Berlin 1992, S. 186.

414 Dahlmann, „Operation erfolgreich durchgeführt", S. 217.

415 Vgl. Foth, Die Sowjetdeutschen im Spannungsfeld von Innen- und Außenpolitik der UdSSR und der Bundesrepublik Deutschland, S. 24.

416 Vgl. Kappeler, Die deutsche Minderheit im Rahmen des russischen Vielvölkerreichs, S. 21.

Bevölkerung, diese sollte als potentieller Risikofaktor ausgeschaltet werden. Der Aspekt der Präventivmaßnahme bildete einen zentralen Punkt der Legitimation der Deportationen. Für die Sowjetregierung stellten diese eine „staatsrettende Zwangsmaßnahme"[417] dar. Ob sie eine reine Präventivmaßnahme waren oder aber einen Teil der stalinistischen Nationalitätenpolitik verkörperten, darüber wird in der Wissenschaft kontrovers diskutiert. Für Buchsweiler wurden die Sowjetdeutschen „indirekt und ohne ihre Schuld zu Opfern der nationalsozialistischen Untaten."[418] Diese These impliziert, dass die sowjetdeutsche Bevölkerung aufgrund des Krieges deportiert wurde. Belkovec argumentiert dagegen, dass der Kriegsausbruch es möglich machte, „offiziell zu bekennen, was man inoffiziell schon erheblich früher unter dem Vorzeichen des ‚Großen Terrors' gemacht hatte."[419] Dieses würde bedeuten, dass der Krieg zwischen dem Deutschen Reich und der UdSSR das Schicksal der Sowjetdeutschen lediglich beschleunigte, er also eine Art Katalysator dafür bildete, bereits vorhandene Pläne zur Deportation der sowjetdeutschen Bevölkerung zu verwirklichen.

Diese wurde für eine nicht existierende „Kollektivschuld" bestraft und musste eine „Solidarhaftung als Sündenböcke" in den Arbeitslagern des NKWD leisten.[420] Als billige Arbeitskräfte erfüllten die deportierten Sowjetdeutschen zugleich eine ökonomische Funktion im Rahmen des stalinistischen Systems. Denn bei den Deportationen spielten neben politischen Motiven ökonomische Interessen „eine nicht geringe Rolle."[421]

Das Misstrauen gegenüber den deutschen Kolonisten bestimmte nicht erst unter der bolschewistischen Herrschaft deren Leben. Bereits Ende des 19. Jahrhunderts unternahm das Zarenreich Maßnahmen gegen das „innere Deutschland in Rußland."[422] Die deutsche Minderheit in Russland wurde als „Speerspitze des ‚Deutschen Drangs nach Osten' verteufelt".[423]

---

417 Richter-Eberl, Gekämpft, gehofft und doch verloren?, S. 141.

418 Buchsweiler, Volksdeutsche in der Ukraine, S. 385.

419 Belkovec, GPU-/NKVD - Dokumente, S. 84.

420 Vgl. Ruffmann, Karl-Heinz, Die Russlanddeutschen. Funktion und Gewicht im Zarenreich und in der Sowjetunion, (Lüneburger Vorträge zur Geschichte Ostdeutschlands und der Deutschen in Osteuropa, Heft 7), Lüneburg 1987, S. 11.

421 Dahlmann, „Operation erfolgreich durchgeführt", S. 202.

422 Klötzel, Die Rußanddeutschen zwischen Autonomie und Auswanderung, S. 109.

423 Kappeler, Andreas, Die deutsche Minderheit im Rahmen des russischen Vielvölkerreichs, in: Dahlmann, Dittmar/Tuchtenhagen, Ralph (Hrsg.), Zwischen

Den Argwohn der russischen Behörden aufgrund der Absonderung der Russlanddeutschen am Anfang des 20. Jahrhunderts dokumentiert ein Artikel einer russischen Zeitung aus dem Jahr 1907. In diesem werden die Wolgadeutschen wie folgt charakterisiert:

> „Die deutschen Kolonisten leben zurückgezogen, halten streng an ihrer lutherischen bzw. katholischen Konfession, ihren eigenen Sitten und Gebräuchen fest und lassen sich von der russischen Lebensweise so gut wie gar nicht beeinflussen [...], sie bewahren ihre eigene Sprache und sprechen Russisch nur in dem Maße, in dem es sich nicht vermeiden lässt. [...] Ihre gesamte Lebensweise wie auch ihr geistiger Horizont lassen durchscheinen, [...] daß sie sich zu ihrem heimatlichen Vaterland hingezogen fühlen."[424]

Diese Lebensweise behielt die sowjetdeutsche Bevölkerung weiterhin bei. Otto Auhagen schrieb zwei Jahrzehnte später zur Abgeschlossenheit der sowjetdeutschen Dörfer:

> „Sie hielten sich, wie ich mich noch 1927 überzeugen konnte, fest an ihrem evangelischen und katholischen Glauben; deutschen Geist, deutsche Gesittung und deutsches Brauchtum hatten sie 160 Jahre hindurch treu bewahrt."[425]

Unter der bolschewistischen Regierung verweigerten sich die Sowjetdeutschen den Bestrebungen einer stärkeren Assimilation und zog sich verstärkt in eine „innere Emigration"[426] zurück. Bis zu den Zwangsmaßnahmen der Kollektivierung lehnte sie weitgehend ihre Zusammenarbeit mit dem kommunistischen Regime ab.[427] Buchsweiler ist der Meinung, dass „die Deutschen in Russland [...] herzlich wenig Grund [hatten], die Bolschewisten zu unterstützen."[428] Ihr „innerer Widerspruch zum sowjetischen System"[429] machte sie gegenüber dem politischen Pathos der kommunistischen Regierung immun. Die nationale Absonderung der Sowjetdeutschen wurde von der sowjetischen Regierung ab

---

Reform und Revolution: Die Deutschen an der Wolga 1860 - 1917, (Veröffentlichungen des Instituts für Kultur und Geschichte der Deutschen im östlichen Europa, Bd. 4), Essen 1994, S. 14 - 28, S. 21.

424 Zitiert nach: German, Arkadij, Russen und Deutsche in der Republik der Wolgadeutschen, in: Forschungen zur Geschichte und Kultur der Russlanddeutschen, H. 9, S. 113 - 121, S. 113.

425 Auhagen, Otto, Die deutschen Bauern an der Wolga, in: DPO, H. 8/9. 1939, S. 16 - 18, S. 16.

426 Richter-Eberl, Gekämpft, gehofft und doch verloren?, S. 135.

427 Vgl. Dahlmann, „Operation erfolgreich durchgeführt", S. 208.

428 Buchsweiler, Volksdeutsche in der Ukraine, S. 134.

429 Ders., Russlanddeutsche im Sowjetsystem bis zum Zweiten Weltkrieg, S. 40.

den 1930er Jahren systematisch bekämpft und gipfelte in den Deportationen von 1941.

Zehn Jahre nach dem Ende des Zweiten Weltkrieges wurde in der UdSSR mit der Generalamnestie vom 17. September 1955 für vermeintliche Kollaborateure im „Großen Vaterländischen Krieg" ein langwieriger Prozess der fragmentarischen Rehabilitierung der sowjetdeutschen Bevölkerung in Gang gesetzt.[430] Erneut hatte das deutsch-sowjetische Verhältnis eine Auswirkung auf die Lage der Sowjetdeutschen, in diesem Fall eine positive.[431] Die Sowjetregierung jedoch „still viewed its German population as guilty of treason in 1941."[432] Und auch in den Augen der Öffentlichkeit verkörperten die Sowjetdeutschen weiterhin „zu Recht deportierte Kollaborateure."[433] Erst am 29. August 1964 wurden sie aufgrund eines Beschlusses des Obersten Sowjets vom Vorwurf, in der Zeit des Zweiten Weltkrieges „Spione und Diversanten" gewesen zu sein, freigesprochen.[434] Die damaligen Anschuldigungen seien unbegründet und willkürlich gewesen.[435] Nachdem die sowjetdeutsche Bevölkerungsgruppe im Jahr 1972 das Recht auf freie Wohnsitzwahl zurückerhielt[436], fand ihre Rehabilitierung auf Raten am 11. November 1989 mit der „Deklaration über die Anerkennung der repressiven Maßnahmen gegen die zwangsweise umgesiedelten Völker für widerrechtlich und verbrecherisch und über die Sicherstellung der Rechte jener Völker" des Obersten Rats der UdSSR ihren Abschluss. Pohl beschreibt den sowjetdeutschen Rehabilationsprozess als „slow and piecemeal."[437] Es bedurfte nur weniger Wochen, um eine ganze Bevölkerungsgruppe zu entrechten und zu deportieren, mehr als ein halbes Jahrhundert reichte aber nicht aus, „um die historische Gerechtigkeit wiederherzustellen."[438]

Im Beziehungsdreieck Nationalsozialisten - Sowjetdeutsche - Bolschewiki stellten die Sowjetdeutschen einen ohnmächtigen Akteur dar, der machtlos den plötzlichen Veränderungen des internationalen Klimas

---

430 Vgl. Klötzel, Die Russlanddeutschen zwischen Autonomie und Auswanderung, S. 147.

431 Staatsbesuch von Bundeskanzler Adenauer in Moskau vom 9. bis 13. September 1955.

432 Pohl, Ethnic cleansing, S. 56.

433 Foth, Die Sowjetdeutschen, S. 26.

434 Vgl. Pohl, Ethnic cleansing, S. 36.

435 Vgl. Eisfeld/Herdt, Deportation, Sondersiedlung, Arbeitsarmee, Dok. 409, S. 461f.

436 Vgl. Dahlmann, „Operation erfolgreich durchgeführt", S. 218.

437 Pohl, Ethnic cleansing, S. 56.

438 Striegnitz/Schippan, Wolgadeutsche, S. 184.

ausgesetzt war. Wie die Untersuchung gezeigt hat, war die Abhängigkeit von der deutsch-sowjetischen Beziehung im Grunde genommen einseitig und hatte nur negative Auswirkungen auf die sowjetdeutsche Bevölkerung. Selbst in der kurzen Zeit der deutsch-sowjetischen „Freundschaft" verbesserte sich ihre Lage kaum - im Gegenteil. Die sowjetdeutsche Bevölkerung war weiterhin von Repressionsmaßnahmen der sowjetischen Regierung betroffen.

Das angespannte innenpolitische Verhältnis zwischen der sowjetischen Regierung und der sowjetdeutschen Bevölkerung traf ab 1941 mit der außenpolitischen Bedrohung durch das Dritte Reich zusammen und drängte die Sowjetdeutschen in eine ausweglose Situation.

Als Betroffene und Abhängige des internationalen Klimas und der deutsch-sowjetischen Zusammenarbeit haben die Sowjetdeutschen „für die Folgen der Politik des nationalsozialistischen Deutschlands besonders hart leiden müssen."[439] Sie blieben letztendlich ein „Spielball totalitärer Politik"[440] und gehörten am Ende buchstäblich zwischen Hitler und Stalin zu keiner der beiden Seiten. Dabei muss die Frage, ob sich ihr Schicksal ohne Hitler-Deutschland anders entwickelt hätte, weiterhin kontrovers diskutiert werden.

Heute sollte die besondere Hilfsbereitschaft für die Deutschen in den Ländern Osteuropas nach den Worten von Wolfgang Schäuble auch weiter grundgesetzlich geboten bleiben, da sie als „Teil der Aufarbeitung der Folgen des zweiten Weltkrieges" auch eine „moralische Verpflichtung" sei.[441] Damit wird das Schicksal der deutschen Minderheit im östlichen Europa auch in Zukunft mit den Beziehungen zu Deutschland im Zusammenhang gebracht werden.

---

439 Bundesministerium des Innern (Hrsg.), Zwei Jahrzehnte Politik für Aussiedler und nationale Minderheiten, URL: http://www.bmi.bund.de/cln_028/nn_172160/Internet/Content/Nachrichten/Reden/2008/09/Jubil_C3_A4um__Aussiedlerbeauftragter.html [27.11.2008].

440 Pohl, Die Herrschaft der Wehrmacht, S. 147.

441 Bundesministerium des Innern (Hrsg.), Zwei Jahrzehnte Politik für Aussiedler und nationale Minderheiten, URL: http://www.bmi.bund.de/cln_028/nn_172160/Internet/Content/Nachrichten/Reden/2008/09/Jubil_C3_A4um__Aussiedlerbeauftragter.html [27.11.2008].

8 Abkürzungsverzeichnis

APA	Außenpolitisches Amt (der NSDAP)
GPU	Gossudarstwenoje Polititscheskoje Uprawlenije (Politische Polizei der UdSSR, 1934 in NKWD umbenannt)
DAI	Deutsches Auslandsinstitut, Stuttgart
DPO	Deutsche Post aus dem Osten (Zeitschrift)
DRK	Deutsches Rotes Kreuz
DVL	Deutsche Volksliste
FoStRu	Forschungsstelle Russland
Kasachische SSR	Kasachische Sozialistische Sowjetrepublik
KP(b)U	Kommunistische Partei (der Bolschewiki) der Ukraine
KPdSU	Kommunistische Partei der Sowjetunion
KPSS	Kommunistitscheskaja partija Sowetskowo Sojusa (russisch)
NKPS	Volkskommissariat für Verkehr
NKWD	Narodny Kommissariat Wnutrennich Del (Volkskommissariat für innere Angelegenheiten)
NS	Nationalsozialismus
NSDAP	Nationalsozialistische Deutsche Arbeiterpartei
OMI	Reichsministerium für die besetzten Ostgebiete (Ostministerium), siehe RMO
RKFdV	Reichskommissar für die Festigung des deutschen Volkstums
RMO	Reichsministerium für die besetzten Ostgebiete
RMVP	Reichsministerium für Volksaufklärung und Propaganda
SD	Sicherheitsdienst
SS	Schutzstaffel
UdSSR	Union der Sozialistischen Sowjetrepubliken
Ukrainische SSR	Ukrainische Sozialistische Sowjetrepublik
USSR	Union of Soviet Socialist Republics
VDA	Volksbund für das Deutschtum im Ausland
VDR	Verband der Deutschen aus Russland
VoMi	Volksmittelstelle
ZK	Zentralkomitee

9 Literaturverzeichnis

Arnold, Klaus-Jochen, Die Wehrmacht und die Besatzungspolitik in den besetzten Gebieten der Sowjetunion. Kriegführung und Radikalisierung im „Unternehmen Barbarossa", (Zeitgeschichtliche Forschungen, Bd. 23), Berlin 2005.

Belkovec, Larissa, Das Bild des sibiriendeutschen Kolonisten in Partei- und Sowjetdokumenten am Ende der zwanziger und zu Beginn der dreißiger Jahre, in: Forschungen zur Geschichte und Kultur der Russlanddeutschen, H. 9, S. 132 - 154.

Dies., GPU-/NKVD-Dokumente über die Verfolgung von Sibiriendeutschen 1937 - 1938, in: Forschungen zur Geschichte und Kultur der Russlanddeutsche, H. 5, S. 81 - 84.

Bosch, Anton u.a., Trauerbuch Odessa-2. Stalins Staatsterror an den Deutschen in den Gebieten Odessa, Nikolajew und Cherson/Ukraine 1928 - 1953, (Russland - Deutsche Zeitgeschichte 2007, Bd. 6), 2. Auflage Nürnberg 2007.

Bosch, Anton/Lingor, Josef, Entstehung, Entwicklung und Auflösung der deutschen Kolonien am Schwarzen Meer am Beispiel von Kandel von 1808 bis 1944, Stuttgart 1990.

Böttger, Christian u.a., Zwischen Sondersiedlung, Assimilation und Rückwanderung (1945 - 1998), in: Kathe, Hans-Joachim u.a. (Hrsg.), Die Deutschen in Russland. Der leidvolle Schicksalsweg einer ethnischen Minderheit, Teil IV, Berlin 2000.

Brandes, Detlef/Savin, Andrej, Die Sibiriendeutschen im Sowjetstaat 1919 - 1938, (Veröffentlichungen zur Kultur und Geschichte im östlichen Europa, Bd.19), Essen 2001.

Ders., Kolonist, Bauer und/oder Deutscher? Die Russlanddeutsche Landbevölkerung zwischen den Ständen und Nationalitäten des Russischen Reiches und der Sowjetunion, in: Forschungen zur Geschichte und Kultur der Russlanddeutschen, H. 9, S. 8 - 15.

Ders., Resistenz, Abwehr und Widerstand von Russlanddeutschen 1917 - 1941, in: Forschungen zur Geschichte und Kultur der Russlanddeutschen, H. 8, S. 65 - 73.

Ders., Von den Verfolgungen im Ersten Weltkrieg bis zur Deportation, in: Stricker, Gerd (Hrsg.), Deutsche Geschichte im Osten Europas: Russland, Berlin 1997, S. 131 - 213.

Brockhaus-Enzyklopädie in 24 Bänden, Achter Band FRU-GOS, 19. Auflage Mannheim 1989.

Brunnbauer, Ulf u.a. (Hrsg.), Definitionsmacht, Utopie, Vergeltung. „Ethnische Säuberungen" im östlichen Europa des 20. Jahrhunderts, (Geschichte: Forschung und Wissenschaft, Bd. 9), Berlin 2006.

Buchsweiler, Meir, Russlanddeutsche im Sowjetsystem bis zum Zweiten Weltkrieg: Minderheitenpolitik, nationale Identität, Publizistik, (Veröffentlichungen des Instituts für Kultur und Geschichte der Deutschen im östlichen Europa, Bd. 7), Essen 1995.

Ders., Die Sowjetdeutschen-außerhalb der Wolgarepublik-im Vergleich mit anderen Minderheiten 1917 bis 1941/42, in: Kappeler, Andreas u.a. (Hrsg.), Die Deutschen im Russischen Reich und im Sowjetstaat, Köln 1987, S. 69 - 96.

Ders., Volksdeutsche in der Ukraine am Vorabend und Beginn des Zweiten Weltkriegs - ein Fall doppelter Loyalität? (Schriftenreihe des Instituts für Deutsche Geschichte, Bd.7), Gerlingen 1984.

Bugaj, Nikolaj, Die Deportationen der Völker aus der Ukraine, Weißrußland und Moldavien, in: Dahlmann, Dittmar/Hirschfeld, Gerhard (Hrsg.), Lager, Zwangsarbeit, Vertreibung und Deportation: Dimensionen der Massenverbrechen in der Sowjetunion und in Deutschland 1933 - 1945, Essen 1999, S. 567 - 581.

Cencov, Viktor, Die deutsche Bevölkerung am Dnepr im Zeichen des stalinistischen Terrors, in: Forschungen zur Geschichte und Kultur der Russlanddeutschen, H. 5, S. 7 - 22.

Dahlmann, Dittmar, Deportationen der deutschen Bevölkerungsgruppe in Russland und in der Sowjetunion 1915 und 1941. Ein Vergleich, in: Gestrich, Andreas u.a. (Hrsg.), Ausweisung und Deportation: Formen der Zwangsmigration in der Geschichte (Stuttgarter Beiträge zur historischen Migrationforschung, Bd. 2), Stuttgart 1995, S. 103 - 113.

Ders., „Operation erfolgreich durchgeführt", Die Deportation der Wolgadeutschen 1941, in: Streibel, Robert (Hrsg.), Flucht und Vertreibung, Wien 1994, S. 201 - 226.

Dallin, Alexander, Deutsche Herrschaft in Russland 1941-1945: eine Studie über Besatzungspolitik, 2. Auflage Düsseldorf 1981.

Dönninghaus, Victor, Das Bild des „inneren Feindes" im Ersten Weltkrieg oder die antideutschen Pogrome in Moskau vom 26. - 29. Mai 1915, in: Forschungen zur Geschichte und Kultur der Russlanddeutschen, H. 9, S. 16 - 34.

Eisfeld, Alfred, Die Russlanddeutschen (Studienbuchreihe der Stiftung Ostdeutscher Kulturrat, Bd. 2), München 1992.

Ders., Bleiben die Sowjetuniondeutschen deutsch?, in: Kappeler u.a. (Hrsg.), Die Deutschen im Russischen Reich und im Sowjetstaat, S. 167 - 177.

Fahlbusch, Michael, Im Dienste des Deutschtums in Südosteuropa: Ethnopolitische Berater als Tathelfer für Verbrechen gegen die Menschlichkeit, in: Beer, Mathias/Seewann, Gerhard (Hrsg.), Südostforschung im Schatten des dritten Reiches: Institutionen-Inhalte-Personen, München 2004, S. 175 - 214.

Fleischhauer, Ingeborg/Pinkus, Benjamin (Hrsg.), Die Deutschen in der Sowjetunion. Geschichte einer nationalen Minderheit im 20. Jahrhundert (Osteuropa und der internationale Kommunismus, Bd. 17), Baden-Baden 1987.

Fleischhauer, Die sowjetische Außenpolitik und die Genese des Hitler-Stalin-Paktes, in: Wegner, Bernd (Hrsg.), Zwei Wege nach Moskau. Vom Hitler-Stalin-Pakt zum „Unternehmen Barbarossa", München 1991, S. 19 - 39.

Dies., Das Dritte Reich und die Deutschen in der Sowjetunion, (Schriftenreihe der Vierteljahreshefte für Zeitgeschichte, Nr. 46), Stuttgart 1983.

Dies., Zur Entstehung der deutschen Frage im Zarenreich, in: Kappeler u.a. (Hrsg.), Die Deutschen im Russischen Reich und im Sowjetstaat, S. 39 - 47.

Dies., „Unternehmen Barbarossa" und die Zwangsumsiedlung der Deutschen in der UdSSR, in: VfZ, 30. 1982, S. 299 - 321.

Foth, Rolf-Barnim, Die Sowjetdeutschen im Spannungsfeld von Innen- und Aussenpolitik der UdSSR und der Bundesrepublik Deutschland: Etappen einer gescheiterten Nationalitätenpolitik, Berlin 1996.

German, Arkadij, Russen und Deutsche in der Republik der Wolgadeutschen, in Forschungen zur Geschichte und Kultur der Russlanddeutschen, H. 9, S. 113 - 121.

Halbach, Uwe, Das sowjetische Vielvölkerimperium. Nationalitätenpolitik und nationale Frage, Mannheim u.a. 1992.

Heiber, Helmut, Der Generalplan Ost, in: VfZ, 6. 1958, S. 281 - 325.

Heim, Susanne, Bevölkerungsökonomie, Deportation und Vernichtung, in: Dahlmann/Hirschfeld, Lager, Zwangsarbeit, Vertreibung und Deportation, S. 501 - 513.

Hildermeier, Manfred, Verhinderte Nationen: zu einigen Merkmalen und Besonderheiten nationaler Bewegungen in Russland und der Sowjetunion, in: Archiv für Sozialgeschichte, 34. 1994, S. 1 - 17.

Hillgruber, Andreas, Das Rußland-Bild der führenden deutschen Militärs vor Beginn des Angriffs auf die Sowjetunion, in: Wegner (Hrsg.), Zwei Wege nach Moskau, S. 167 - 184.

Hilkers, Peter/Stricker, Gerd, Die Jahre nach dem Zweiten Weltkrieg, in: Stricker, Gerd (Hrsg.), Deutsche Geschichte im Osten Europas: Russland, Berlin 1997, S. 221 - 260.

Jäkel, Eberhard, Hitlers doppeltes Kernstück, in: Foerster, Roland G. (Hrsg.), „Unternehmen Barbarossa". Zum historischen Ort der deutsch-sowjetischen Beziehungen von 1933 bis Herbst 1941, (Beiträge zur Militärgeschichte, Bd.40), München 1993, S. 13 - 22.

Kappeler, Andreas, Die deutsche Minderheit im Rahmen des russischen Vielvölkerreichs, in: Dahlmann, Dittmar/ Tuchtenhagen, Ralph (Hrsg.), Zwischen Reform und Revolution: Die Deutschen an der Wolga 1860-1917, (Veröffentlichungen des Instituts für Kultur und Geschichte der Deutschen im östlichen Europa, Bd. 4), Essen 1994, S. 14 - 28.

Klötzel, Lydia, Die Rußlanddeutschen zwischen Autonomie und Auswanderung: Die Geschichte einer nationalen Minderheit vor dem Hintergrund des wechselhaften deutsch-sowjetischen Verhältnisses, (Osteuropa-Studien, Bd.3), Hamburg 1999.

Madajzyk, Czeslaw, Vom „Generalplan Ost" zum „Generalsiedlungsplan", in: Rössler, Mechthild/ Schleiermacher, Sabine (Hrsg.), Der „Generalplan Ost". Hauptlinien der nationalsozialistischen Planungs- und Vernichtungspolitik, (Schriften der Hamburger Stiftung für Sozialgeschichte des 20. Jahrhunderts), Berlin 1993.

Martin, Terry, Terror gegen Nationen in der Sowjetunion, in: Osteuropa, Zeitschrift für Gegenwartsfragen des Ostens, 50. 2000, S. 606 - 616.

Mukhina, Irina, The Germans of the Soviet Union, London u.a. 2007.

Neutatz, Dietmar, Die Nationalitätenpolitik der Sowjetunion, in: Retterath, Hans-Werner (Hrsg.), Russlanddeutsche Kultur: eine Fiktion? Freiburg 2006, S. 17 - 41.

Ders., Literaturberichte: Neuere Publikationen zur Geschichte der Russlanddeutschen, in: Nordost-Archiv, 3. 1994, S. 165 - 185.

Ders., Die Wolgadeutschen in der reichsdeutschen Publizistik und Politik bis zum Ende des Ersten Weltkrieges, in: Dahlmann/ Tuchtenhagen, (Hrsg.), Zwischen Reform und Revolution: Die Deutschen an der Wolga 1860 - 1917, S. 115 - 133.

Ders., Forschungsbericht und Auswahlbibliographie zur Geschichte der Russlanddeutschen, in: Jahresbibliographie der Bibliothek für Zeitgeschichte, Nr. 64/1992, Essen 1994, S. 748 - 798.

Pinkus, Benjamin, Die Deportation der deutschen Minderheit in der Sowjetunion 1941 - 1945, in: Wegner (Hrsg.), Zwei Wege nach Moskau, S. 464 - 479.

Ders., Die Deutschen in der Sowjetunion beim Ausbruch des Zweiten Weltkrieges, in: Heimatbuch der Deutschen aus Russland (HDR) (1973 - 1981), S. 9 - 19.

Pohl, Dieter, Die Herrschaft der Wehrmacht. Deutsche Militärbesatzung und einheimische Bevölkerung in der Sowjetunion 1941 - 1944, (Quellen und Darstellungen zur Zeitgeschichte, Bd. 71), München 2008.

Pohl, J. Otto, Deportierte in der Sowjetunion im und nach dem Zweiten Weltkrieg, in: Bade, Klaus J. u.a. (Hrsg.), Enzyklopädie Migration in Europa. Vom 17. Jahrhundert bis zur Gegenwart, Paderborn 2007, S. 458 - 463.

Ders., Ethnic cleansing in the USSR, 1937 - 1949, Westport (Connecticut) u.a. 1999.

Polian, Pavel, Ethnische Deportation im Raum der ehemaligen Sowjetunion, in: Streibel (Hrsg.), Flucht und Vertreibung, S. 227 - 236.

Richter-Eberl, Ute, Ethnisch oder National? Aspekte der russischdeutschen Emigration in Deutschland 1919 - 1969, (Moderne Geschichte und Politik, Bd.17), Frankfurt a.M. (u.a.) 2001.

Dies., Gekämpft, gehofft und doch verloren? Der Zweite Weltkrieg und die russischdeutsche Identitätspolitik, in: Rothe, Hans (Hrsg.), Deutsche in Russland, (Studien zum Deutschtum im Osten, Bd. 27), Köln u.a. 1996, S. 131 - 150.

Rimscha, Hans von, Zur Gleichschaltung der deutschen Volksgruppen durch das Dritte Reich. Am Beispiel der deutschbaltischen Volksgruppe in Lettland, in: HZ, 182. 1960, S. 29 - 63.

Ruffmann, Karl-Heinz, Die Russlanddeutschen. Funktion und Gewicht im Zarenreich und in der Sowjetunion, (Lüneburger Vorträge zur Geschichte Ostdeutschlands und der Deutschen in Osteuropa, Bd. 7), Lüneburg 1987.

Sapoval, Jurij, Der russische Nationalismus und die Herrschaft Stalins, in: Hildermeier, Manfred (Hrsg.), Stalinismus vor dem Zweiten Weltkrieg: neue Wege der Forschung (Schriften des Historischen Kollegs: Kolloquien, 43), München 1989, S. 291 - 305.

Schumann, Rosemarie, Fremde Heimat. Deutsche in Rußland - Von der Ansiedlung bis zur Rückwanderung, Berlin 2003.

Simon, Gerhard, Die nichtrussischen Völker in Gesellschaft und Innenpolitik der UdSSR, in: Osteuropa, 6. 1979, S. 447 - 467.

Slutsch, Sergej, Stalin und Hitler 1933 - 1941: Kalküle und Fehlkalkulationen des Kreml, in: Zarusky, Jürgen (Hrsg.), Stalin und die Deutschen. Neue Beiträge der Forschung, (Schriftenreihe der Vierteljahreshefte für Zeitgeschichte, Sondernummer), München 2006, S. 59 -88.

Striegnitz, Sonja, Der Weltkrieg und die Wolgakolonisten: Die Regierungspolitik und die Tendenzen der gesellschaftlichen Entwicklung, in: Dahlmann/Tuchtenhagen, (Hrsg.), Zwischen Reform und Revolution: Die Deutschen an der Wolga 1860 - 1917, S. 134 - 146.

Dies./Schippan, Michael, Wolgadeutsche. Geschichte und Gegenwart, Berlin 1992.

Stricker, Gerd, Die Kirchen der Rußlanddeutschen und ihre Position gegenüber dem Dritten Reich, in: Maser, Peter (Hrsg.), Der Kirchenkampf im deutschen Osten und in den deutschsprachigen Kirchen Osteuropas: Peter Hauptmann zur Vollendung des 65. Lebensjahres, Göttingen 1992, S. 180 - 205.

Walth, Richard H., Strandgut der Weltgeschichte: Die Rußlanddeutschen zwischen Stalin und Hitler, (Veröffentlichungen des Instituts für Kultur und Geschichte der Deutschen im östlichen Europa, Bd. 5), Essen 1994.

Wolter, Gerhard, Die Zone der totalen Ruhe. Die Russlanddeutschen in den Kriegs- und Nachkriegsjahren, Augsburg 2003.

10 Quellenverzeichnis

Auhagen, Otto, Die deutschen Bauern an der Wolga, in: Deutsche Post aus dem Osten (DPO), 11. 1939, H. 8/9, S. 16 - 18.

Boberach, Heinz (Hrsg.), Meldungen aus dem Reich. Die geheimen Lageberichte des Sicherheitsdienstes der SS 1938 - 1945, Bd. 3, Herrsching 1984.

Ehrt, Adolf, Brüder in Not! Dokumente der Hungersnot unter den deutschen Volksgenossen in Rußland, Berlin 1933.

Eisfeld, Alfred/Herdt, Victor (Hrsg.), Deportation, Sondersiedlung, Arbeitsarmee: Deutsche in der Sowjetunion 1941 bis 1956, Köln 1996.

Geiger, Joseph, Rußlanddeutsche sind nicht Deutschrussen!, in: DPO, 11. 1939, Heft 1, S. 2 - 5.

Görbing, Karl-Hans, Das Deutschtum in der Sowjetunion, in: Wir Deutsche in der Welt, 3. 1937, S. 49 - 64.

Kroeker, Hans, Der Deutsche im russischen Raum, in: Volk im Osten: die Zeitschrift des Südostens, 4. 1943, H. 12, S. 28 - 41.

Kügelgen, Carlo von, Die Russlanddeutschen, in: Nation und Staat, 12. 1939, H. 6/7, S. 413 - 426.

Ohne Verfasser, Deutsche Briefe aus Rußland nach Abschluß des deutsch-russischen Paktes, in: Außendeutscher Wochenspiegel, H. 23, 1940, S. 9 - 12.

Ohne Verfasser, Die deutsche Minderheit in der UdSSR, in: Nation und Staat, 9. 1936, H. 8, S. 556 - 558.

Ohne Verfasser, Die deutsche Minderheit in der UdSSR, in: Nation und Staat, 8. 1934/35, H. 2, S. 79 - 88.

Rosenberg, Alfred, Der Zukunftsweg einer deutschen Außenpolitik, München 1927.

Siewert, Harald, Das deutsch-sowjetrussische Zusammengehen und die Russlanddeutschen, in: DPO, 11.1939, H. 8/9, S. 1 -3.

11 Internetquellen

Bundesministerium des Innern (Hrsg.), Verantwortung für die Schicksalsgemeinschaft der Russlanddeutschen, URL: http://www.bmi.bund.de/cln_028/nn_122304/Internet/Content/Themen/Aussiedlerbeauftragter/Daten und Fakten/Verantwortung__fuer__Schicksalsgemeinschaft__Russlanddeutsche html [27.11.2008].

Bundesministerium des Innern (Hrsg.), Zwei Jahrzehnte Politik für Aussiedler und nationale Minderheiten, URL: http://www.bmi.bund.de/cln_028/nn_172160/Internet/Content/Nachrichten/Reden/2008/09/Jubil_C3_A4um__Aussiedlerbeauftragter.html [27.11.2008].

Zeitfracht Medien GmbH
Ferdinand-Jühlke-Straße 7
99095 Erfurt, Deutschland
produktsicherheit@kolibri360.de